Henrike Bratz

Strohstern-Nostalgie

Weihnachtsschmuck mit Legeformen leicht gemacht

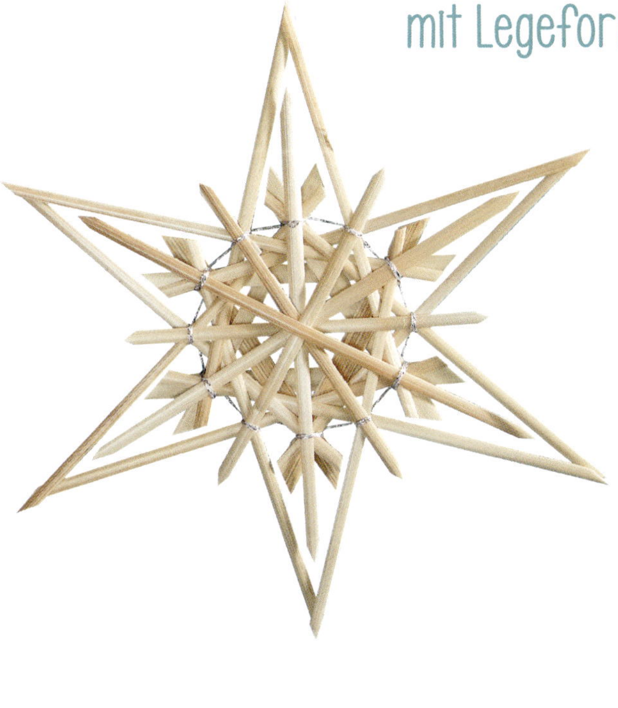

Inhalt

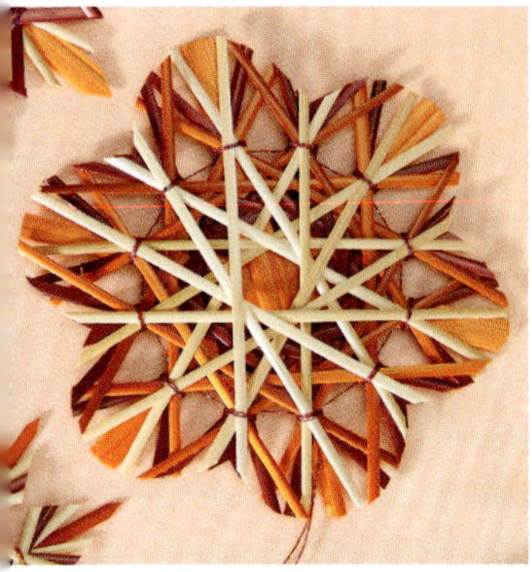

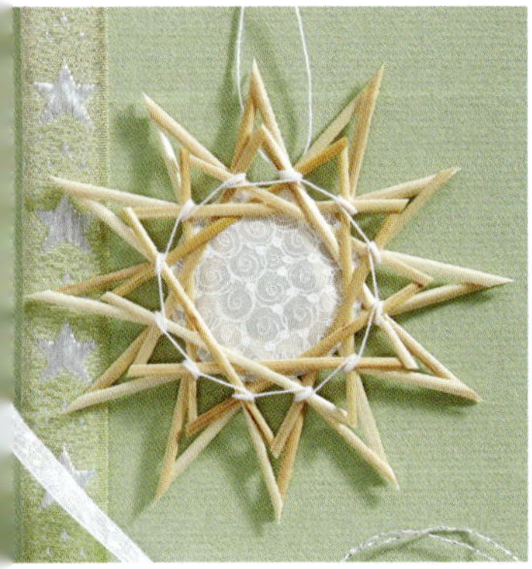

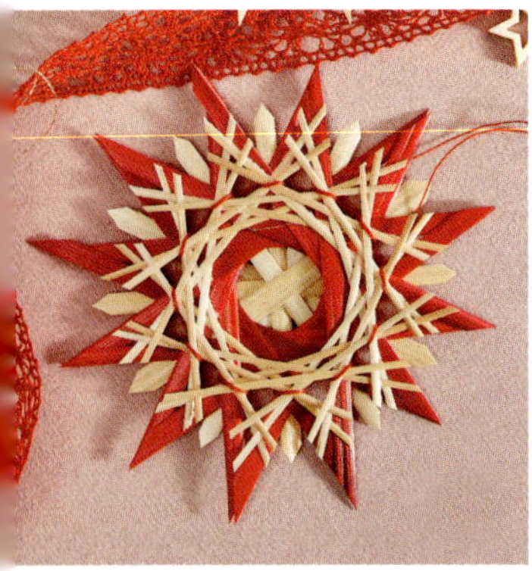

Sternenpracht

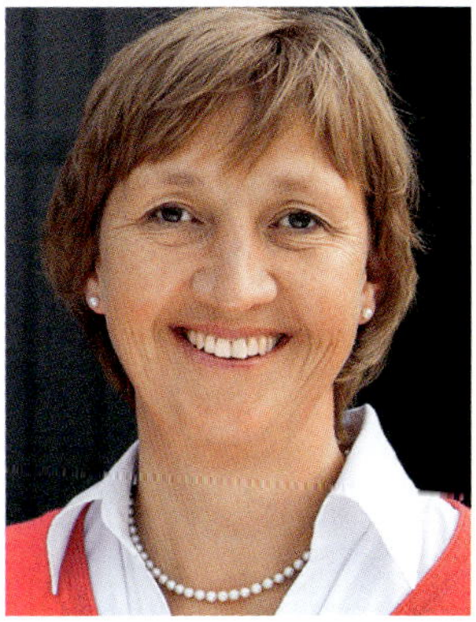

Für viele Menschen gehört das Basteln von Strohsternen von Kindertagen an einfach zu Advent und Weihnachten dazu. Dabei sind Strohsterne nicht nur für den Tannenbaum eine Zierde, auch als Geschenkanhänger, für kleine Gestecke oder als Fensterdekoration lassen sie sich wunderbar einsetzen. Mich begeistert an den Strohsternen immer wieder die schier unerschöpfliche Vielfalt der Variationsmöglichkeiten, die Verbindung von natürlichem Material, verspielter Pracht und strenger Geometrie.

Das Buch bietet Ihnen einen systematisch aufgebauten Lehrgang. Beginnen Sie am besten mit den Grundtechniken, und basteln Sie mithilfe von Legeformen und Strohspaltern zunächst die am Anfang des Buches aufgeführten Sterne. Nach und nach kommen weitere Techniken, Tipps und Tricks hinzu, z. B. wie man Perlen und Papier einarbeiten kann. Der Technikteil fasst alle Techniken übersichtlich zusammen.

Sie werden in diesem Buch sehr viele Sterne finden, die mit farbigem Stroh gearbeitet wurden. Gerade am Anfang helfen Ihnen die verschiedenen Farben, die Systematik eines Sterns zu verstehen. Natürlich lässt sich jeder Stern auch einfarbig anfertigen. Zudem möchte ich Sie ermutigen, sich nach einer Weile von den Anleitungen zu lösen und selbst zu experimentieren. Sie werden entdecken, dass es viel Spaß macht, immer wieder neue Variationsmöglichkeiten auszuprobieren.

Ihre

Heike Bratt

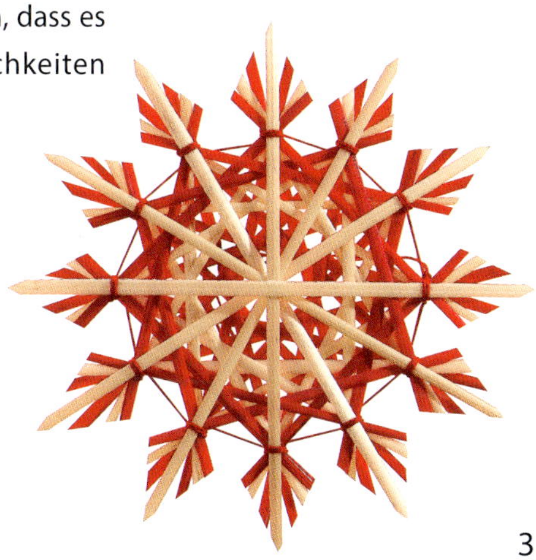

Material und Hilfsmittel

Bastelstrohhalme
Strohhalme in verschiedenen Farben sind im Hobbyfachhandel erhältlich, meist in einer Länge von 22 cm. Für das Arbeiten mit der Legeform die Halme spalten und dann auf die angegebene Länge zuschneiden. Sie werden zuvor nicht eingeweicht! Auch extrabreites, bereits gebügeltes Stroh gibt es im Fachhandel.

Strohspalter
Je nach Dicke der verwendeten Halme und je nach der gewünschten Breite der Spalthalme kommen 6-fach- oder 4-fach-Spalter zum Einsatz. Für die Herstellung sehr breiter Spalthalme gibt es auch kombinierte 2-fach/3-fach-Spalter.

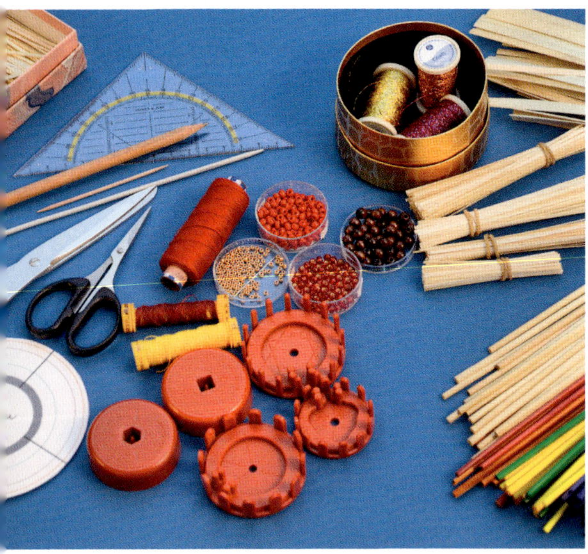

Legeformen
Legeformen dienen dazu, die Spalthalme exakt zu positionieren und zu fixieren. So ist das Binden der Sterne einfach. Legeformen sind mit unterschiedlich vielen Aussparungen (Lücken) erhältlich. In diesem Buch werden folgende Legeformen verwendet:

- 12er-Legeform, 4,1 cm Ø
- 12er-Legeform, 5,5 cm Ø
- 16er-Legeform, 5,5 cm Ø

Garn
Zum Abbinden der Sterne eignet sich Knopflochgarn besonders gut. Es ist dicker als normales Nähgarn, hat einen leichten Glanz und ist in zahlreichen Farben erhältlich. Glänzendes Effektgarn ist etwas elastisch und daher schwieriger zu verarbeiten.

Scheren
Nicht zu unterschätzen ist die Bedeutung einer guten Schere. Sie sollte klein, spitz und scharf sein. Auch eine kräftige Haushaltsschere sollte bereitgelegt werden.

Weitere Hilfsmittel
Lineal, Bleistift, Gummiringe, einige kleine Schachteln, Stricknadel oder Zahnstocher, Sticknadel, Nähnadel, Perlen, Schmuckpapier. Vorlagen für Schablonen finden Sie auf Seite 78/79.

Das Stroh vorbereiten

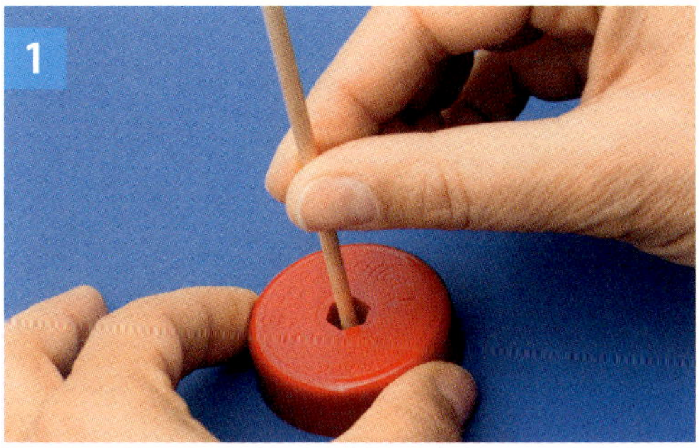

1. Den Strohspalter auf den Tisch legen. Den Halm senkrecht auf die Mitte des Spalters setzen und entschieden hinunterdrücken.

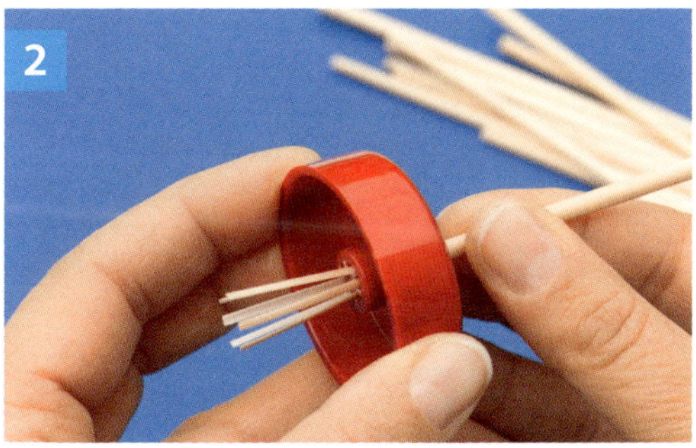

2. Den Spalter nun hochnehmen und den Halm noch einige Zentimeter hindurchschieben, …

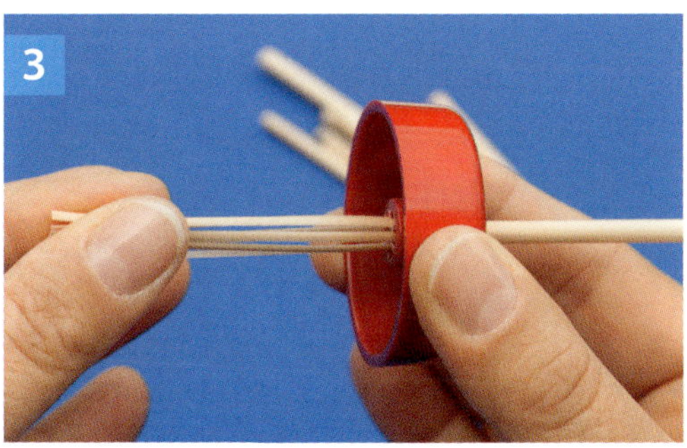

3. … dann den restlichen Halm hindurchziehen.

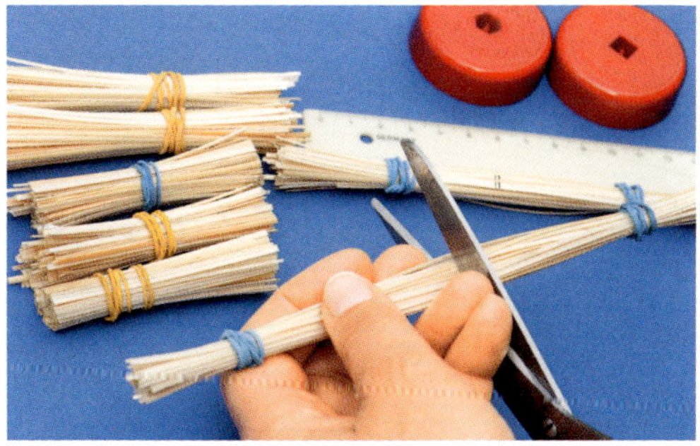

Die gespaltenen Halme teilen. Am besten einen Vorrat anlegen: Zehn bis zwanzig Halme spalten und mit Gummiringen bündeln. Das gewünschte Maß mit einem Bleistift anzeichnen und das ganze Bündel mit einer kräftigen Haushaltsschere teilen; hilfreich ist auch die Schablone auf Seite 46 unten. Es entstehen handliche Vorratspäckchen in verschiedenen Längen.

In diesem Buch werden überwiegend Spalthalme mit folgenden Längenmaßen verwendet:

- 7 cm (= $\frac{1}{3}$ Halm),
- 11 cm (= $\frac{1}{2}$ Halm).

Tipp: Es ist sinnvoll, mehr Halme zu spalten, als für einen bestimmten Stern benötigt werden. So steht ein Vorrat zur Verfügung, aus dem Spalthalme gleichmäßiger Stärke für den Stern, der gerade in Arbeit ist, ausgesucht werden können.

Hinweise zur Arbeit mit extrabreitem, gebügeltem Stroh siehe Technikteil Seite 72.

Erste Variationen

Material

Stern A1

- Spalthalme in Natur
- Garn in Rot
- 12er-Legeform, 5,5 cm Ø

Stern A2

- Spalthalme in Natur, Grün
- Garn in Rot
- 12er-Legeform, 4,1 cm Ø

Stern A3

- Spalthalme in Natur
- Garn in Grün
- 12er-Legeform, 4,1 cm Ø

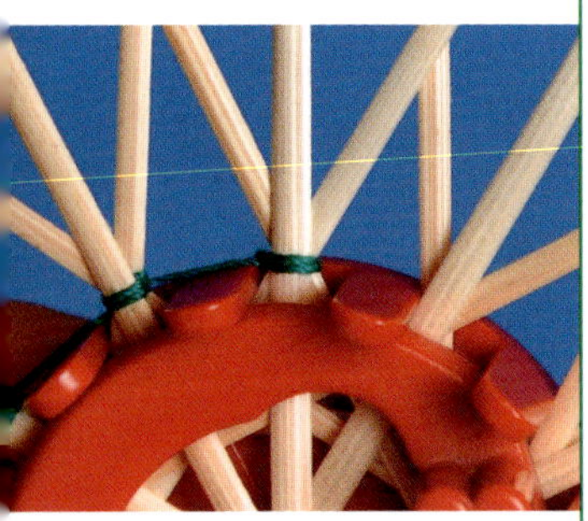

Legesystematik

Stern A1

1. Runde „über 3“: 12 Spalthalme, je 11 cm

Kreuzhalme: 6 Spalthalme, je 11 cm

Stern A2

1. Runde „über 3“: 12 Spalthalme in Grün, je 7 cm

Kreuzhalme: 6 Spalthalme in Natur, je 7 cm

Stern A3

1. Runde „über 3“: 12 Spalthalme, je 11 cm

Kreuzhalme: 6 Spalthalme, je 11 cm

Technik

Einfach gelegte Sterne aus der 12er-Legeform, Technikteil ab Seite 48

Stern A1: Den Stern nach der Grundtechnik anfertigen.
Stern A2: Diesen Stern wie Stern A1 herstellen. Die Arbeitsschritte sind identisch, jedoch wird dieser Stern in der kleineren Legeform gearbeitet. Außerdem werden kürzere Spalthalme (7 cm) und für die Runde „über 3“ grüne Spalthalme verwendet.
Variation: Längere und breitere Kreuzhalme auswählen.
Stern A3: Den Stern nach der Grundtechnik legen und binden. Da die kleine Legeform und 11 cm lange Spalthalme verwendet werden, kreuzen sich die Halme und ergeben geschlossene Spitzen. Zunächst die geschlossenen Spitzen zuschneiden (siehe Technikteil Seite 64), danach die Kreuzhalme gleichmäßig einkürzen.

Tipp: Damit die zwölf Spitzen des Sterns schön gleichmäßig werden, jedes Halmbündel beim Wickeln mittig in der Aussparung der Legeform fixieren (siehe Detailfoto links). Zunächst den Faden einmal um das Halmbündel legen. Dann das Halmbündel mithilfe des Fadens in die perfekte Position „ruckeln“. Danach die zwei weiteren Umwicklungen ausführen.

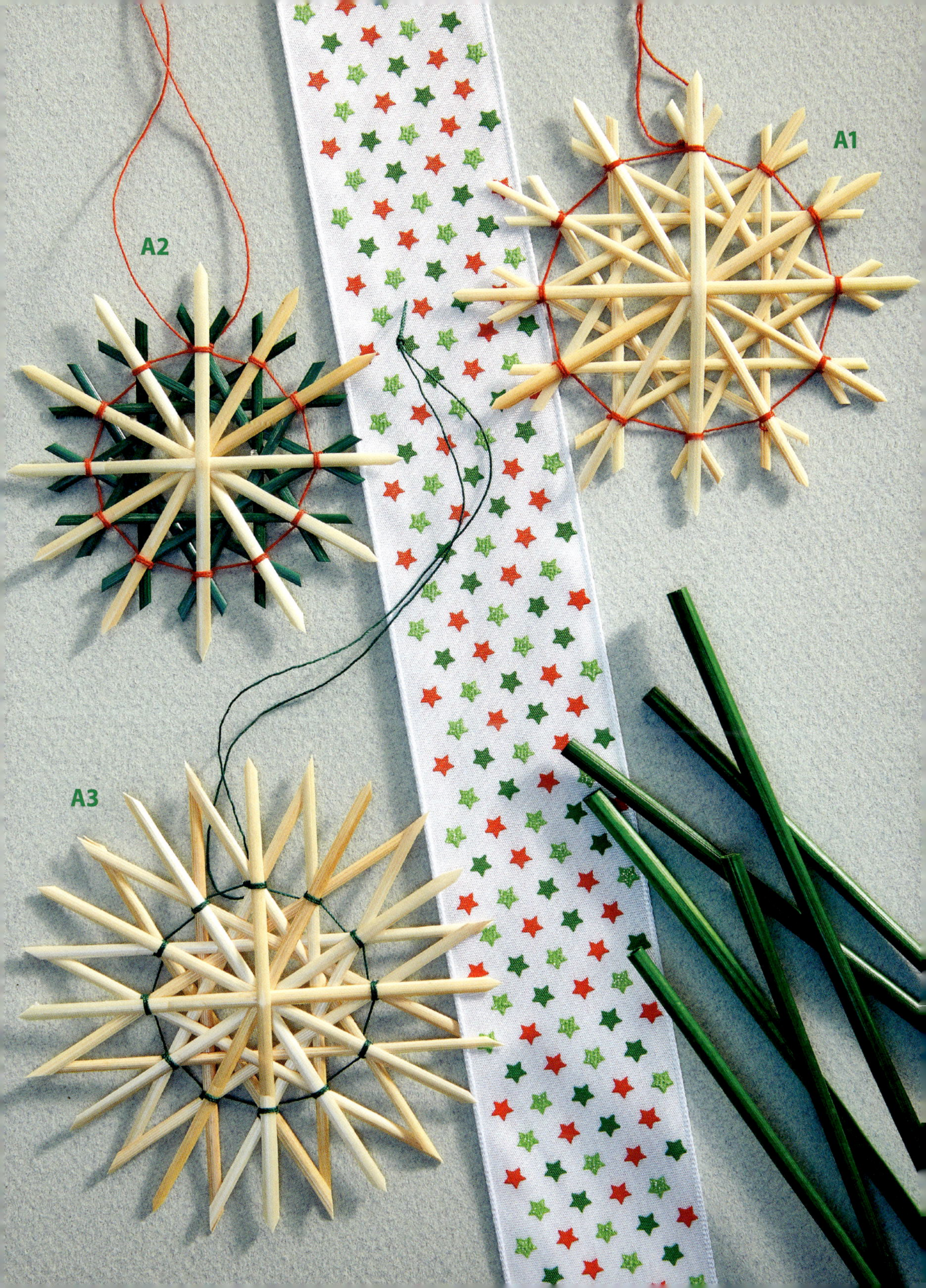
A1
A2
A3

Einfach und schön

Material

Für alle Sterne

- Spalthalme in Natur
- Garn in Rot
- 12er-Legeform, 4,1 cm Ø

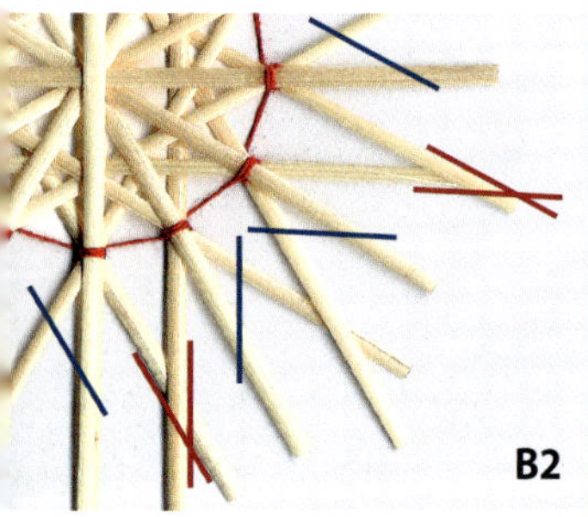

B2

Legesystematik

Sterne B1–B4

1. Runde „über 3“: 12 Spalthalme, je 11 cm

Kreuzhalme: 6 Spalthalme, je 11 cm

Technik

Einfach gelegte Sterne aus der 12er-Legeform, Technikteil ab Seite 48

Alle Sterne nach der Grundtechnik legen und binden. Danach die Sterne beschneiden:

Stern B1: Alle zwölf geschlossenen Spitzen bleiben erhalten. Zunächst diese Spitzen zuschneiden. Danach die Kreuzhalme gleichmäßig einkürzen. Stern B1 entspricht Stern A3 von Seite 7.

Stern B2: Bei diesem Stern bleibt nur jede zweite geschlossene Spitze erhalten. Zunächst diese sechs geschlossenen Spitzen zuschneiden. Danach die restlichen Halme beschneiden. Die Schnitte jeweils parallel zu den Halmen führen, die die geschlossenen Spitzen bilden.

— Beschnitt erster Durchgang

— Beschnitt zweiter Durchgang

Stern B3/Stern B4: Die Sterne der Abbildung entsprechend beschneiden.

Tipp: Die Sterne B2, B3 und B4 sehen immer etwas schief aus, wenn sie hängen. Besser sieht es aus, wenn sie z. B. auf Tannenzweige gesteckt werden.

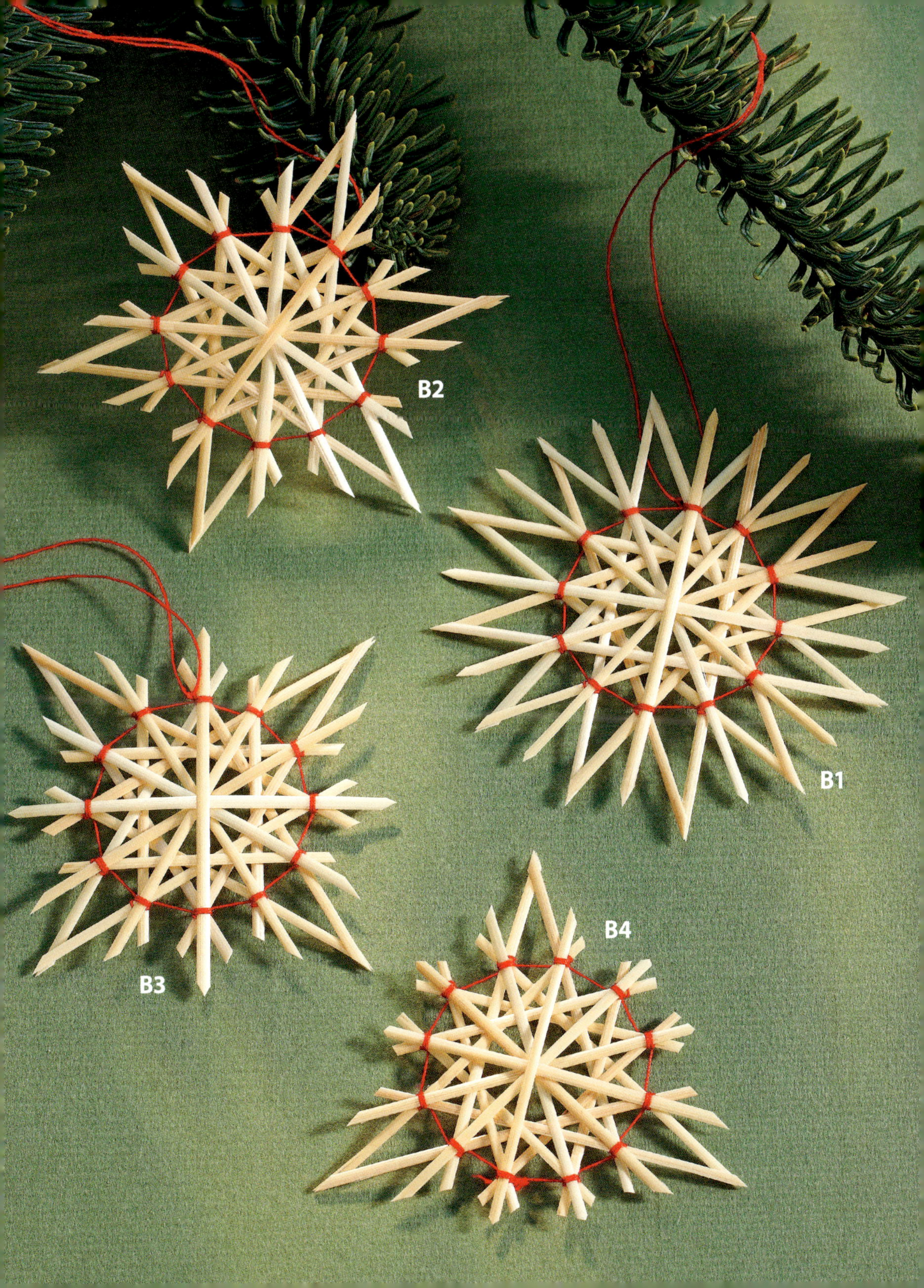
B2
B1
B3
B4

Rot und Natur

Material

Für alle Sterne

- Garn in Rot
- 12er-Legeform, 4,1 cm Ø

Stern C1/Stern C2

- Spalthalme in Natur, Rot

Stern C3

- Spalthalme in Natur

Legesystematik

Stern C1

1. Runde „über 3“: 12 Spalthalme in Natur, je 11 cm
2. Runde „über 4“: 12 Spalthalme in Rot, je 11 cm

Kreuzhalme: 6 Spalthalme in Natur, je 11 cm

Stern C2

1. Runde „über 4“: 12 Spalthalme in Natur, je 11 cm
2. Runde „über 3“: 12 Spalthalme in Rot, je 11 cm

Kreuzhalme: 6 Spalthalme in Natur, je 11 cm

Stern C3

1. Runde „über 3“: 12 Spalthalme in Natur, je 11 cm
2. Runde „über 4“: 12 Spalthalme in Natur, je 11 cm

Kreuzhalme: 6 Spalthalme in Natur, je 11 cm

Technik

Zweifach (mehrfach) gelegte Sterne aus der 12er-Legeform, Technikteil Seite 56/57

Stern C1: Die Arbeitsschritte für diesen Stern werden ausführlich im Technikteil ab Seite 56 beschrieben.
Stern C2: Bei diesem Stern wurde – im Vergleich zu Stern C1 – die Reihenfolge der Lagen getauscht. Begonnen wird mit „über 4“, dann folgt „über 3“.
Stern C3: Dieser Stern entspricht dem Stern C1, er wird jedoch einfarbig gearbeitet.

Hinweis: Die Verwendung von farbigem Stroh bei den Sternen C1 und C2 macht es leichter, den Überblick zu behalten.

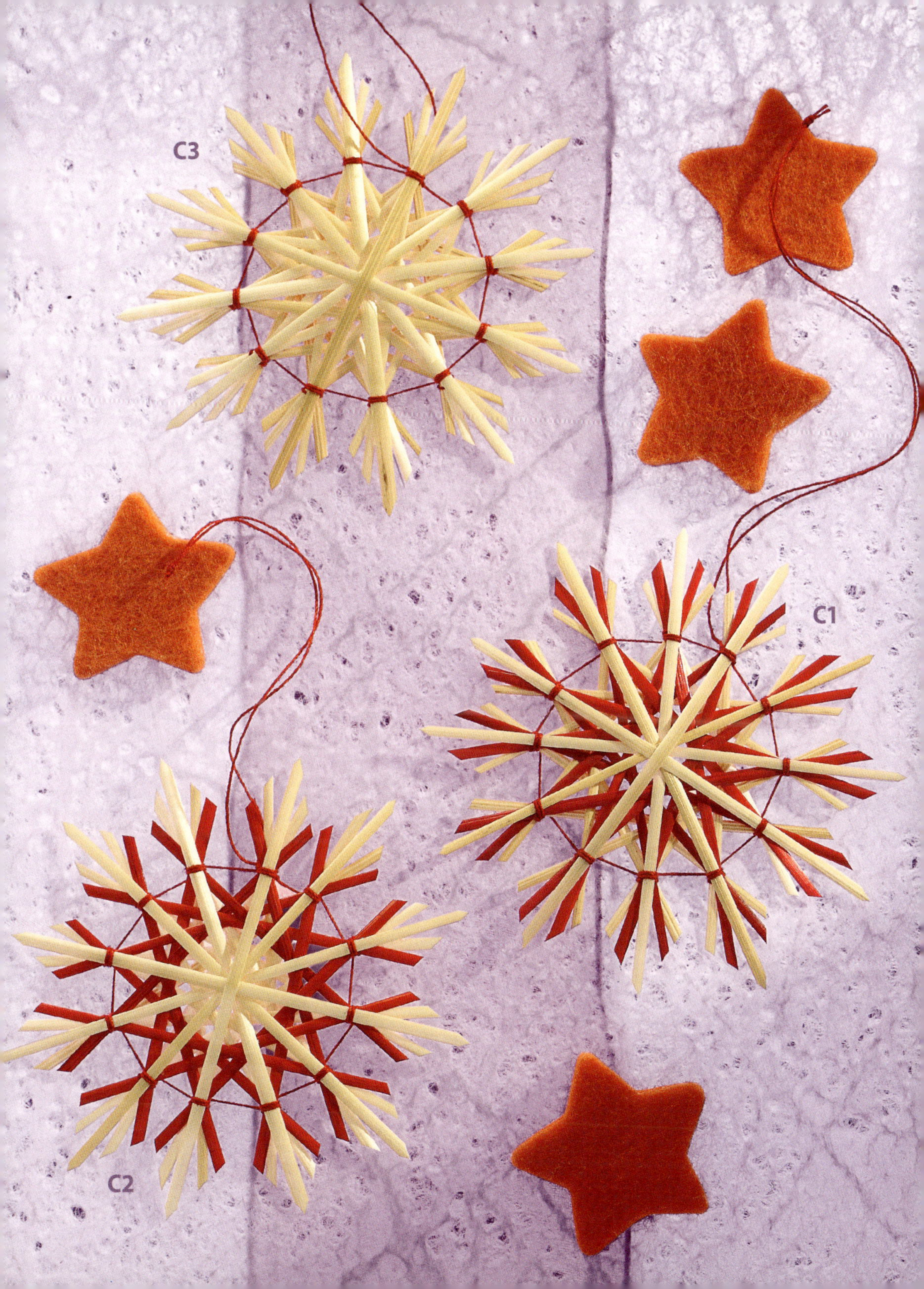
C3
C1
C2

Moderne Klassiker

Material

Für alle Sterne

- Spalthalme in Natur
- Garn in Rot

Stern D1/Stern D2

- 12er-Legeform, 4,1 cm Ø

Stern D3

- 12er-Legeform, 5,5 cm Ø

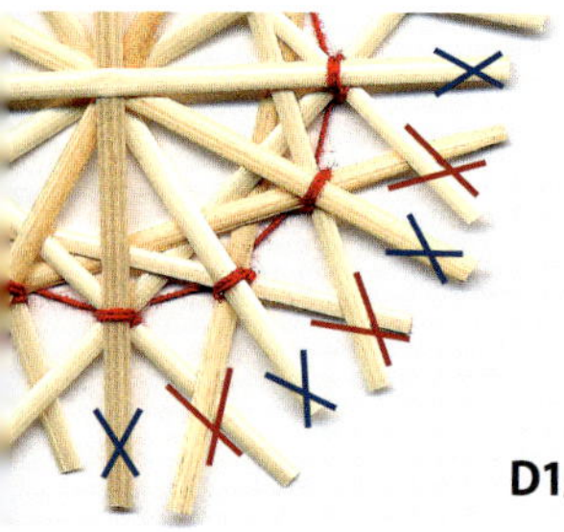

D1/D3

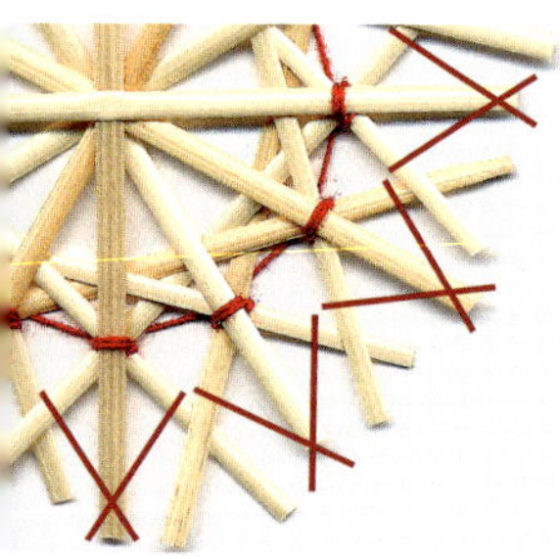

D2

Legesystematik

Stern D1/Stern D2

1. Runde „über 2“: 12 Spalthalme, je 7 cm

Kreuzhalme: 6 Spalthalme, je 11 cm

Stern D3

1. Runde „über 2“: 12 Spalthalme, je 11 cm

Kreuzhalme: 6 Spalthalme, je 11 cm

Technik

Einfach gelegte Sterne aus der 12er-Legeform, Technikteil ab Seite 48

Diese Sterne nach der Grundtechnik „über 2“ legen, so entstehen geschlossene Spitzen. Die Halme kreuzen sich so stark, dass das Binden etwas aufwendiger ist.

Stern D1/Stern D3: Zunächst die geschlossenen Spitzen zuschneiden, anschließend die Kreuzhalme auf eine gleichmäßige Länge einkürzen.

— Beschnitt erster Durchgang

— Beschnitt zweiter Durchgang

Stern D2: Dieser Stern entspricht dem Stern D1, es wird jedoch mehr weggeschnitten. Die geschlossenen Spitzen bleiben nicht erhalten.

— Beschnitt erster Durchgang

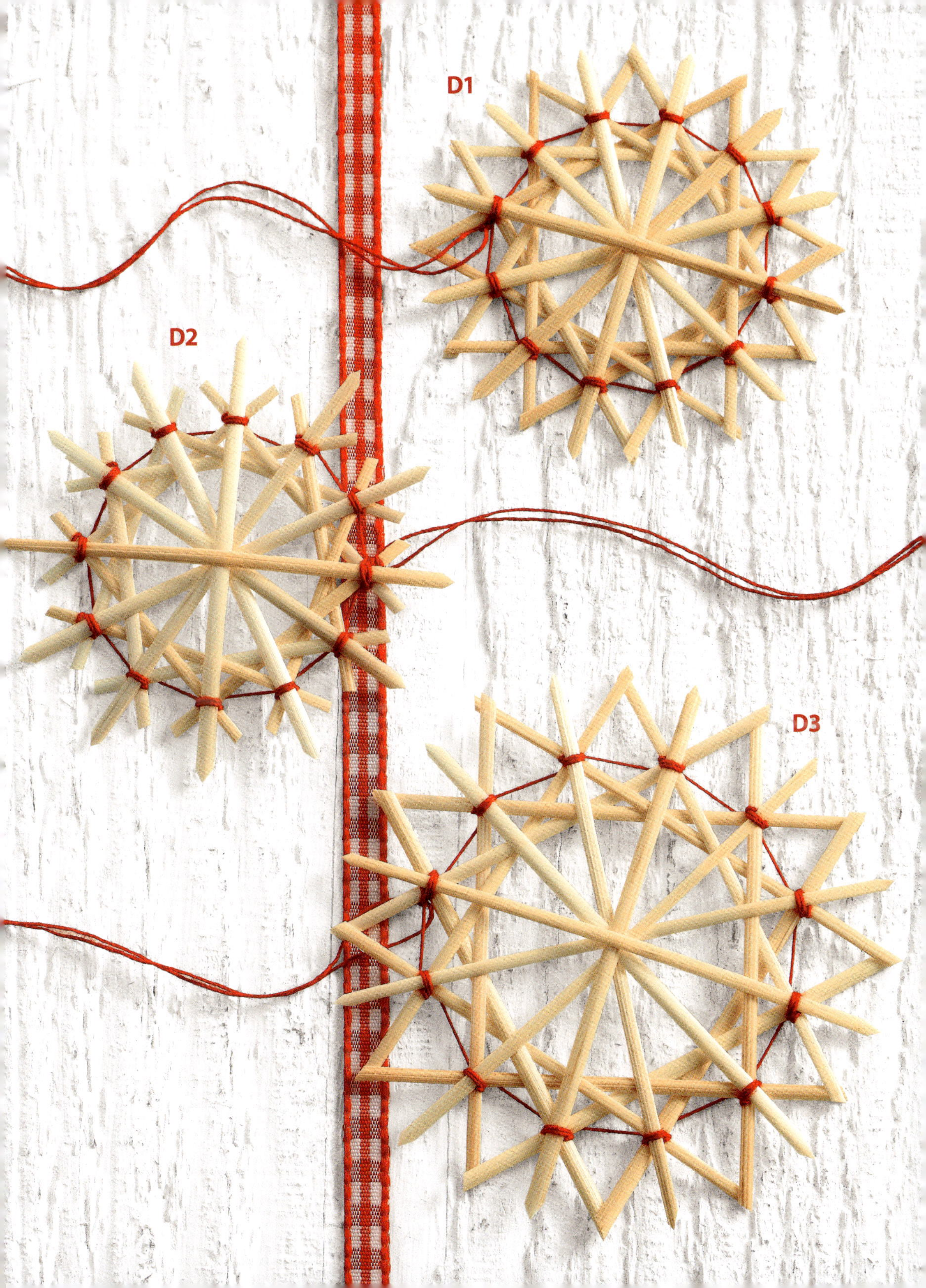
D1
D2
D3

Violette Töne

Material

Für alle Sterne

- Spalthalme in Natur, Violett (in verschiedenen Tönen)
- 12er-Legeform, 4,1 cm Ø
- Garn in Violett metallic

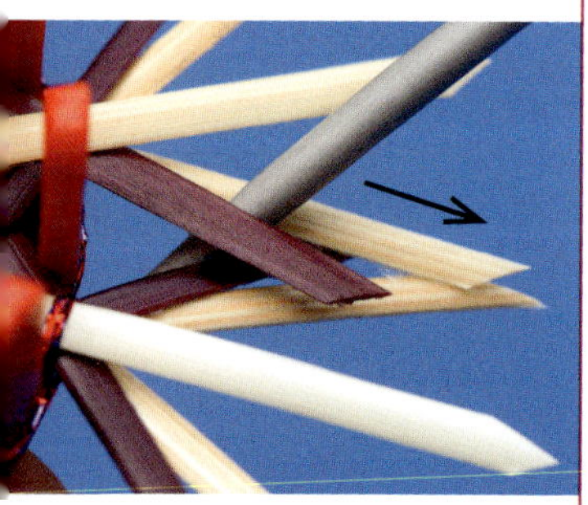

Legesystematik

Stern E1

1. Runde „über 3": 12 Spalthalme in Natur, je 11 cm
2. Runde „über 2": 12 Spalthalme in Violett, je 11 cm

Kreuzhalme: 6 Spalthalme in Natur, je 11 cm

Stern E1/Stern E3

1. Runde „über 3": 12 Spalthalme in Natur, je 11 cm
2. Runde „über 2": 12 Spalthalme in Natur, je 11 cm

Kreuzhalme: 6 Spalthalme in Violett, je 11 cm

Techniken

- Zweifach (mehrfach) gelegte Sterne aus der 12er-Legeform, Technikteil Seite 56/57
- Mehrfach gelegte Sterne kämmen und binden, Technikteil Seite 58/59
- Geschlossene Spitzen perfekt beschneiden – die Spitzen auf Spannung bringen, Technikteil Seite 64

Stern E1: Die Spalthalme nach der Grundtechnik einlegen, den Stern kämmen, dann binden. Die geschlossenen Spitzen beschneiden. Danach die Kreuzhalme auf eine einheitliche Länge kürzen. Die violetten Spalthalme liegen nun zum Teil unter und zum Teil über den naturfarbenen. Eine Stricknadel oder einen anderen spitzen, glatten Gegenstand zwischen den Halmen einstechen und behutsam in Richtung der Sternenspitze zwischen den Halmen durchziehen (Detailfoto). Nun liegen beide violette Spalthalme oben.

Hinweis: Zuerst den Stern beschneiden, danach die Halme „hervorholen". Die Gefahr, dass Halme abknicken, ist groß, wenn die Halme noch unbeschnitten und lang sind.

Stern E2/Stern E3: Die Spalthalme nach der Grundtechnik einlegen, den Stern kämmen, dann binden und der Abbildung entsprechend beschneiden.

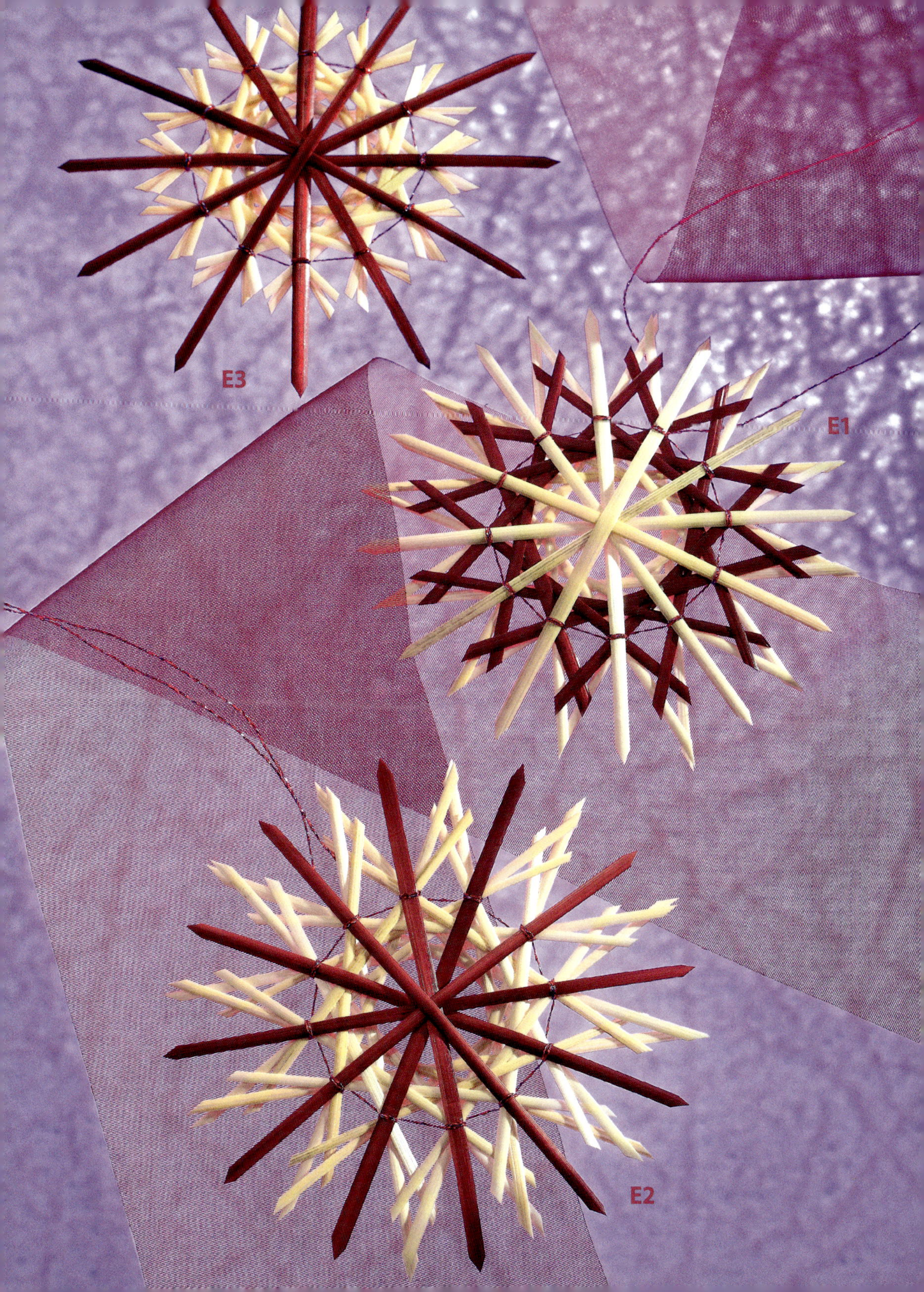
E3
E1
E2

Perfekt kombiniert

Material

Für alle Sterne

- Spalthalme in Natur, Dunkelrot
- Garn in Dunkelrot
- 12er-Legeform, 5,5 cm Ø

Hinweis: *Die abwechselnde Verwendung von farbigem und naturfarbenem Stroh erleichtert es, bei den zweifarbigen Sternen den Überblick zu behalten. Natürlich können diese Sterne auch einfarbig gestaltet werden.*

Legesystematik

Stern F1

1. Runde „über 3“: 12 Spalthalme in Natur, je 11 cm
2. Runde „über 4“: 12 Spalthalme in Dunkelrot, je 11 cm

Kreuzhalme: 6 Spalthalme in Natur, je 11 cm

Stern F2

1. Runde „über 3“: 12 Spalthalme in Dunkelrot, je 11 cm
2. Runde „über 2“: 12 Spalthalme in Natur, je 11 cm

Kreuzhalme: 6 Spalthalme in Dunkelrot, je 11 cm

Stern F3

1. Runde „über 4“: 12 Spalthalme in Natur, je 11 cm
2. Runde „über 2“: 12 Spalthalme in Dunkelrot, je 11 cm

Kreuzhalme: 6 Spalthalme in Natur, je 11 cm

Technik

Zweifach (mehrfach) gelegte Sterne aus der 12er-Legeform, Technikteil Seite 56/57

Bei den Sternen F1, F2 und F3 werden jeweils zwei Lagen in unterschiedlichen Kombinationen sowie die Kreuzhalme in die große Form eingelegt.

Stern F1: Anleitung siehe Technikteil Seite 56/57. Die Runde „über 3“ ist schon von Sternen-Set A bekannt. Hinzu kommt die Runde „über 4“, die der Mitte des Sterns am nächsten liegt.

Stern F2: Bei diesem Stern werden die Lagen „über 3“ und „über 2“ kombiniert, die von den Sternen-Sets A und D bekannt sind. Der Beschnitt erfolgt wie bei Stern F1.

Stern F3: Bei diesem Stern werden die Lagen „über 4“ und „über 2“ kombiniert. Zunächst die roten, geschlossenen Spitzen beschneiden. Danach die verbleibenden naturfarbenen Halmbündel einkürzen.

Variationen: Bei den Runden mit den Spalthalmen kann die Reihenfolge getauscht werden. Die Kreuzhalme liegen immer oben.

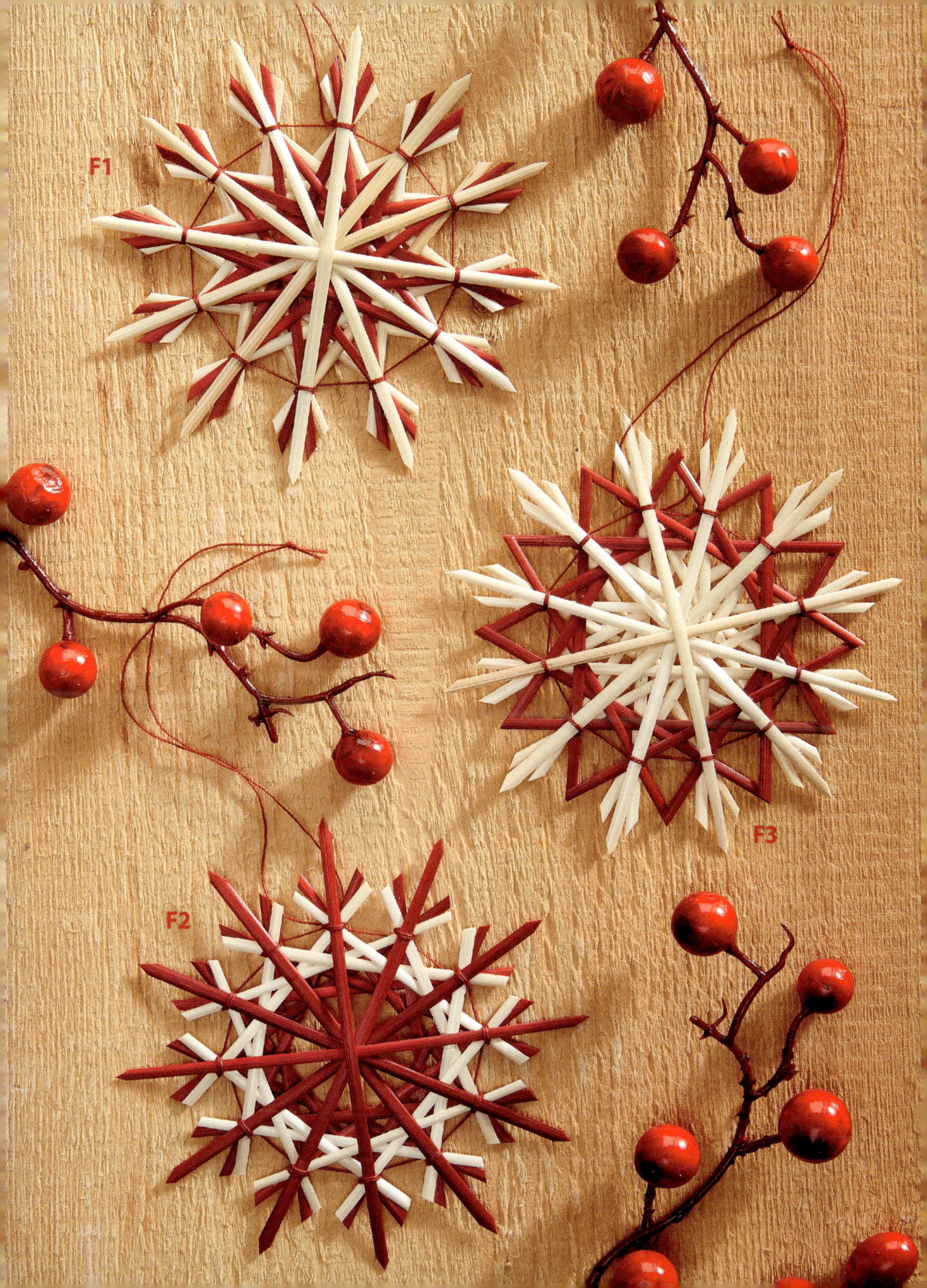
F1
F3
F2

Schlichte Eleganz

Material

Für alle Sterne

- Spalthalme in Natur
- Garn in Rot

Stern G1/Stern G2

- 12er-Legeform, 4,1 cm Ø

Stern G3

- gebügelte, extrabreite Strohhalme
- 12er-Legeform, 5,5 cm Ø

Legesystematik

Stern G1

1. Runde „über 2“: 12 Spalthalme, je 7 cm
Kreuzhalme: 6 Spalthalme, je 11 cm

Stern G2

1. Runde „über 2“: 12 Spalthalme, je 13 cm
Kreuzhalme: 6 Spalthalme, je 11 cm

Stern G3

1. Runde „über 2“: 12 Spalthalme, je 11 cm
Kreuzhalme: 6 Spalthalme (extrabreit), je 11 cm

Technik

Einfach gelegte Sterne aus der 12er-Legeform, Technikteil ab Seite 48

Die Sterne nach der Grundtechnik „über 2“ legen. Durch die unterschiedlich langen Halme entstehen verschiedene geschlossene Spitzen.

Stern G1: Zunächst die geschlossenen Spitzen zuschneiden, anschließend die Kreuzhalme auf eine gleichmäßige Länge einkürzen.
Der Stern G1 entspricht dem Stern D1 mit längeren Kreuzhalmen. Durch unterschiedliche Längen und Dicken von Kreuzhalmen lassen sich reizvolle Variationen schaffen.
Stern G2: Dieser Stern entspricht Stern G1, es werden in der Runde „über 2“ jedoch längere Spalthalme verwendet. Hierdurch kreuzen sich die Halme ein weiteres Mal weiter außen (siehe Tipp auf Seite 6). Diese äußeren geschlossenen Spitzen zunächst mit etwas Überstand beschneiden, dadurch lassen sich Unregelmäßigkeiten gut ausgleichen (siehe Technikteil Seite 64). Danach die Kreuzhalme auf eine gleichmäßige Länge einkürzen.
Stern G3: Zunächst die geschlossenen Spitzen mit etwas Überstand beschneiden. Dann die extrabreiten Kreuzhalme auf eine einheitliche Länge gerade abschneiden; hierfür eventuell eine Kreisschablone (10 cm Ø) verwenden (siehe Technikteil Seite 66). Anschließend die kleinen Zacken herausschneiden.

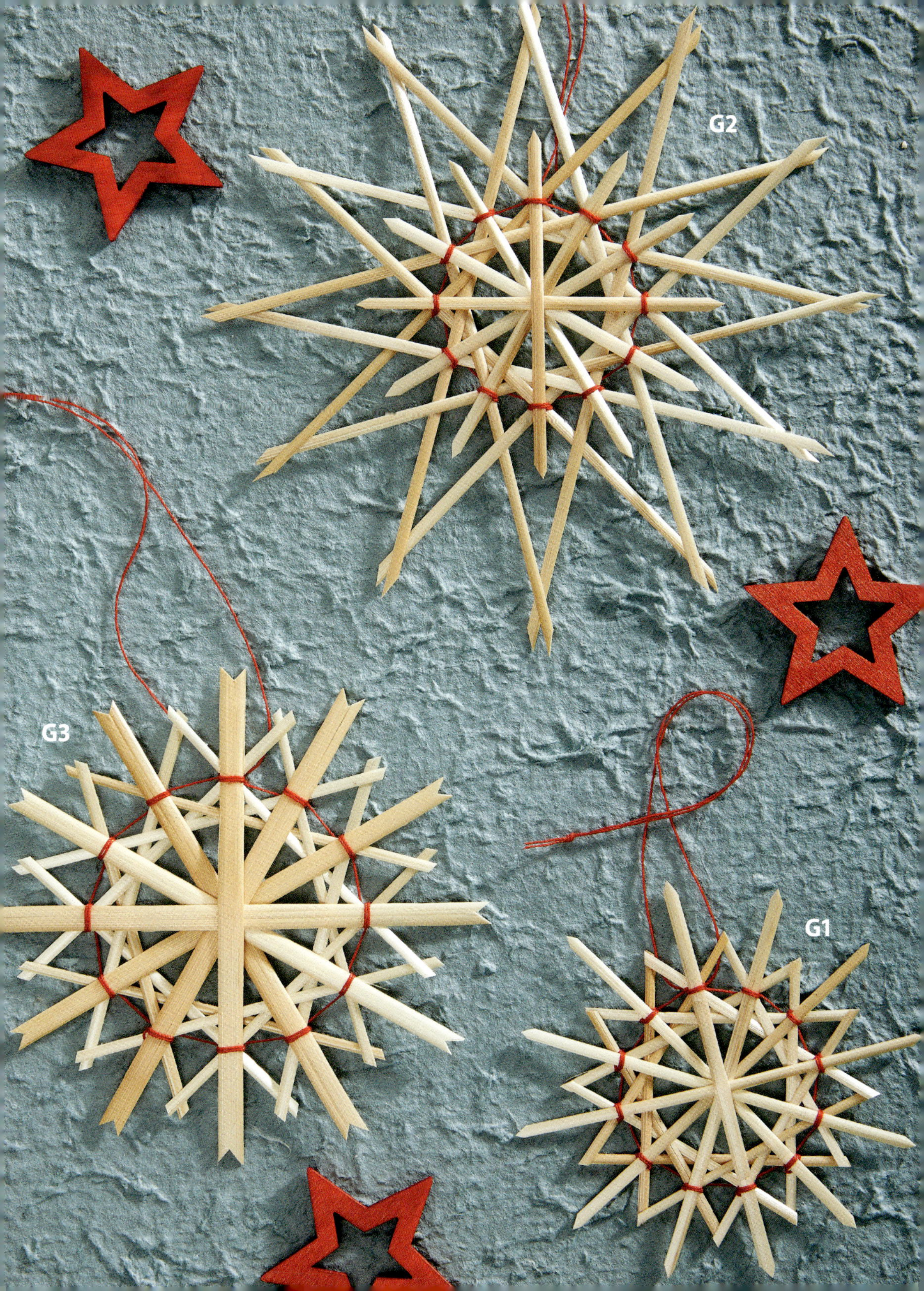
G2
G3
G1

Wunderbare Symmetrie

Material

Für alle Sterne

- Spalthalme in Natur, Rot
- Garn in Rot

Stern H1/Stern H3

- 12er-Legeform, 5,5 cm Ø

Stern H2

- 12er-Legeform, 4,1 cm Ø

Tipp: *Für einen perfekten Beschnitt die Kreisschablonen benutzen (Technikteil Seite 66 und Vorlagen Seite 78)*

Legesystematik

Stern H1/Stern H2

1. Runde „über 4“: 12 Spalthalme in Rot, je 11 cm
2. Runde „über 3“: 12 Spalthalme in Natur, je 11 cm
3. Runde „über 2“: 12 Spalthalme in Rot, je 11 cm

Kreuzhalme: 6 Spalthalme in Natur, je 11 cm

Stern H3

1. Runde „über 2“: 12 Spalthalme in Rot, je 11 cm
2. Runde „über 3“: 12 Spalthalme in Natur, je 11 cm
3. Runde „über 4“: 12 Spalthalme in Rot, je 11 cm

Kreuzhalme: 6 Spalthalme in Natur, je 11 cm

Techniken

- Zweifach (mehrfach) gelegte Sterne aus der 12er-Legeform, Technikteil Seite 56/57
- Mehrfach gelegte Sterne kämmen und binden, Technikteil Seite 58/59

Alle Sterne dieser Seite sind dreifach gelegt. Es kommen jeweils die Runden „über 2“, „über 3“ und „über 4“ vor. Das Einlegen der Halme mit abwechselnden Farben erleichtert es, den Überblick zu behalten.

Stern H1–H3: Die Spalthalme nach der Grundtechnik einlegen, den Stern kämmen, binden und beschneiden.
Stern H2: Dieser Stern entspricht dem Stern H1, er wird jedoch in der kleineren Legeform gefertigt.
Stern H3: Dieser Stern entspricht dem Stern H1, jedoch werden die Runden in umgekehrter Reihenfolge eingelegt.

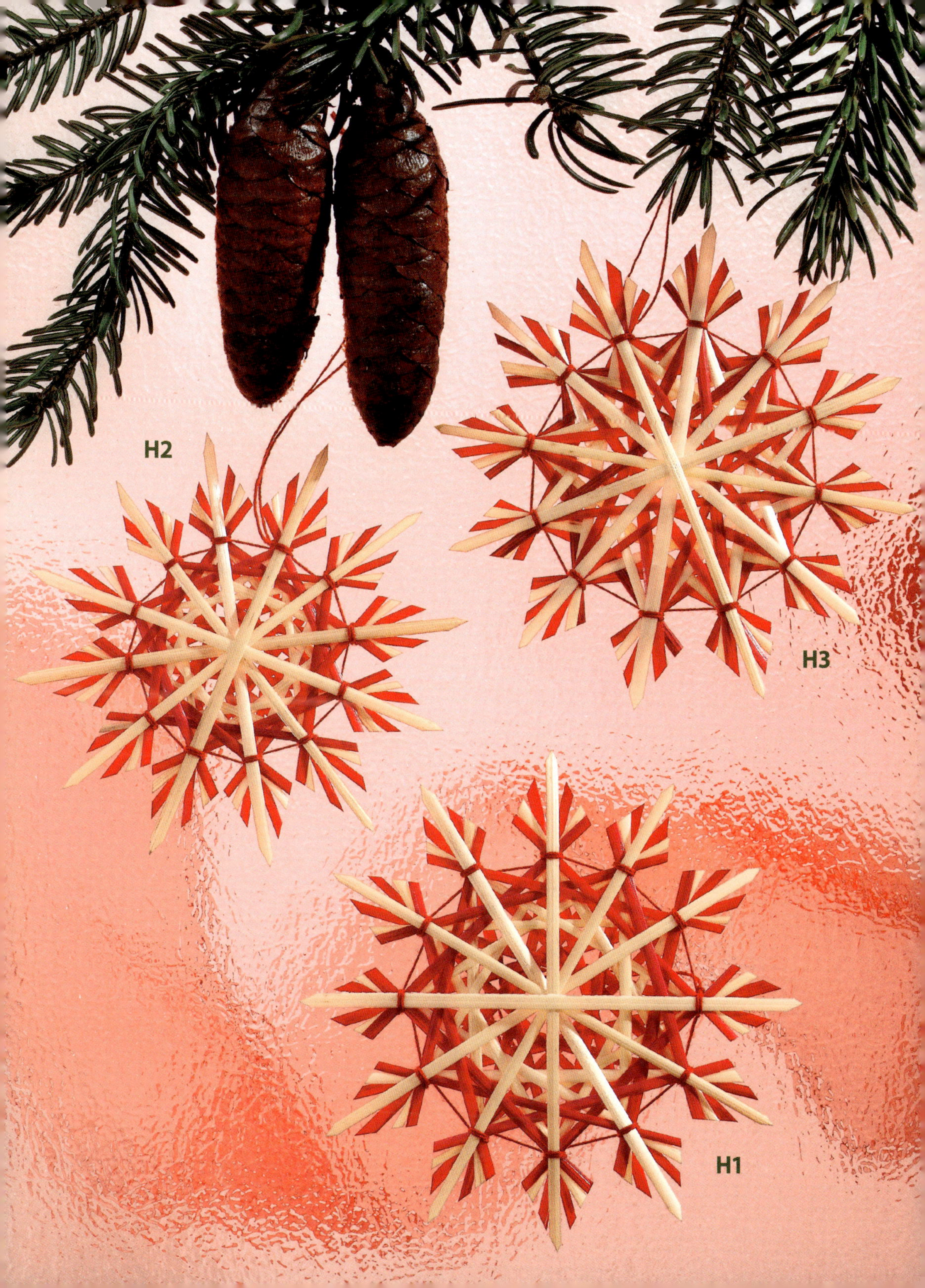
H2
H3
H1

Perfekte Harmonie

Material

Für alle Sterne

- Spalthalme in Natur
- Garn in Rot
- 12er-Legeform, 5,5 cm Ø

Stern J2/J3

- Spalthalme in Rot

Tipp: *Halme, die „über 1" eingelegt werden, müssen relativ schmal sein, denn die Lücke ist eng. Gleichzeitig müssen sie aber auch besonders stabil sein, deshalb nur einwandfreie, feste Spalthalme ohne Knick verwenden!*

Legesystematik

Stern J1

1. Runde „über 1": 12 Spalthalme in Natur, je 11 cm
2. Runde „über 4": 12 Spalthalme in Rot, je 11 cm

Kreuzhalme: 6 Spalthalme in Rot, je 11 cm

Stern J2

1. Runde „über 1": 12 Spalthalme in Natur, je 11 cm
2. Runde „über 2": 12 Spalthalme in Natur, je 11 cm

Kreuzhalme: 6 Spalthalme in Natur, je 11 cm

Stern J3

1. Runde „über 1": 12 Spalthalme in Rot, je 11 cm
2. Runde „über 3": 12 Spalthalme in Natur, je 11 cm

Kreuzhalme: 6 Spalthalme in Natur, je 11 cm

Techniken

- Zweifach (mehrfach) gelegte Sterne aus der 12er-Legeform, Technikteil Seite 56/57
- Mehrfach gelegte Sterne kämmen und binden, Technikteil Seite 58/59
- Mehrfach gelegte Sterne mit einer Sticknadel binden, Technikteil Seite 60/61
- Geschlossene Spitzen perfekt beschneiden – die Spitzen auf Spannung bringen, Technikteil Seite 64
- Geschlossene Spitzen perfekt beschneiden – konturgebende Spitzen zuletzt beschneiden, Technikteil Seite 65

Alle Sterne nach der Grundtechnik in die 12er-Form legen, kämmen und binden (oder die Bindetechnik mit der Sticknadel anwenden). Anschließend die Sterne beschneiden:

Stern J1/Stern J3: Anleitung siehe Technikteil Seite 65.

Stern J2: Zuerst die kleinen Zacken beschneiden, die durch die Halme der Runde „über 2" gebildet worden sind. Danach die Kreuzhalme kürzen. Zuletzt die äußeren, geschlossenen Spitzen auf Spannung bringen und beschneiden.

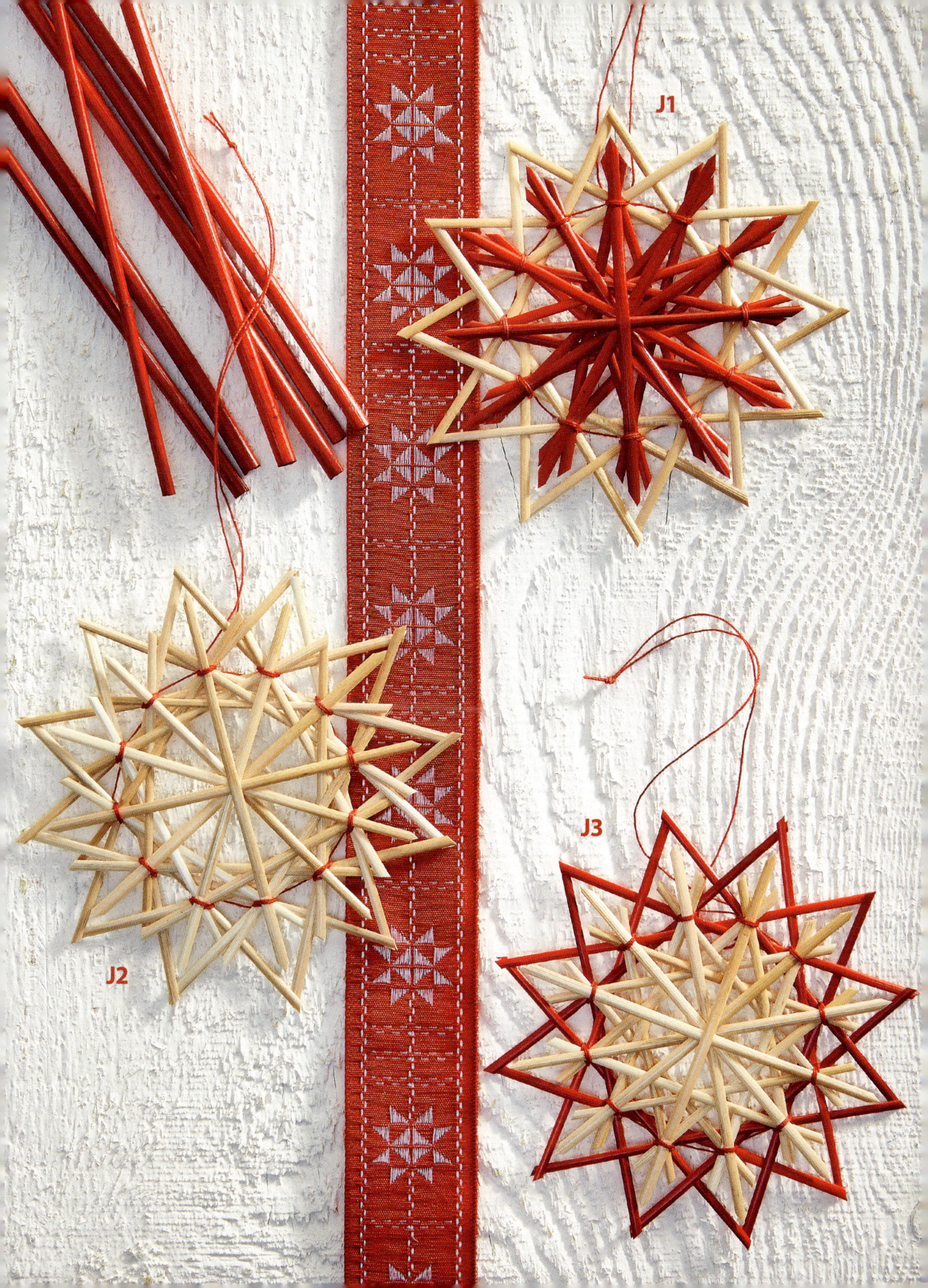
J1
J2
J3

Romantischer Stil

Material

Für alle Sterne

- Spalthalme in Natur
- Goldgarn

Stern K1/Stern K2

- 12er-Legeform, 5,5 cm Ø

Stern K3

- 12er-Legeform, 4,1 cm Ø

Legesystematik

Stern K1

1. Runde „über 2“: 12 Spalthalme, je 11 cm
2. Runde „über 1“: 12 Spalthalme, je 11 cm

Kreuzhalme: 6 Spalthalme, je 11 cm

Stern K2

1. Runde „über 4“: 12 Spalthalme, je 11 cm
2. Runde „über 2“: 12 Spalthalme, je 11 cm
3. Runde „über 1“: 12 Spalthalme, je 11 cm

Kreuzhalme: 6 Spalthalme, je 11 cm

Stern K3

1. Runde „über 2“: 12 Spalthalme, je 7 cm
2. Runde „über 4“: 12 Spalthalme, je 11 cm

Kreuzhalme: 6 Spalthalme, je 11 cm

Techniken

- Zweifach (mehrfach) gelegte Sterne aus der 12er-Legeform, Technikteil Seite 56/57
- Die Arbeit mit Schablonen – Kreis, Blüte und Herz, Technikteil Seite 66/67
- Die Arbeit mit Schablonen – gleichmäßig lange Kreuzhalme durch Kreisschablonen, Technikteil Seite 68

Alle Sterne nach der Grundtechnik anfertigen: Die Spalthalme einlegen, die Sterne kämmen und binden. Die Sterne folgendermaßen beschneiden: Zunächst die geschlossenen Spitzen beschneiden, dabei jeweils etwas Überstand lassen. Beim Stern K1 danach die Kreuzhalme gleichmäßig lang zurückschneiden. Beim Stern K2 die restlichen Halme mithilfe einer Kreisschablone (10 cm Ø) beschneiden, beim Stern K3 eine etwas kleinere Schablone (8,6 cm Ø) verwenden und danach fertig beschneiden.

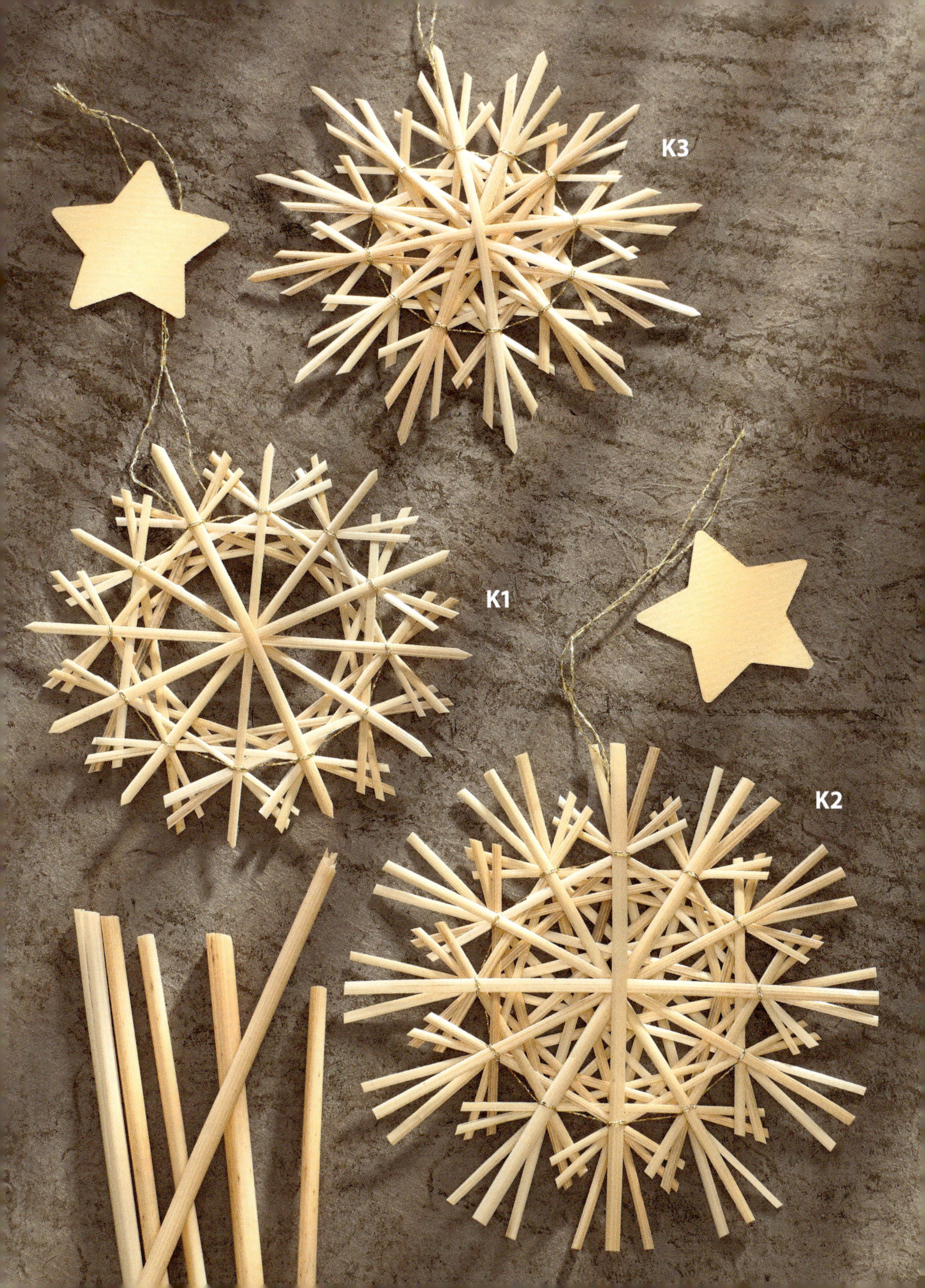
K3
K1
K2

Zeitlos schön

Material

Stern L1/Stern L2

- Spalthalme in Natur
- Garn in Gold
- 12er-Legeform, 4,1 cm Ø

Stern L3

- Spalthalme in Natur
- Garn in Gold
- 12er-Legeform, 5,5 cm Ø

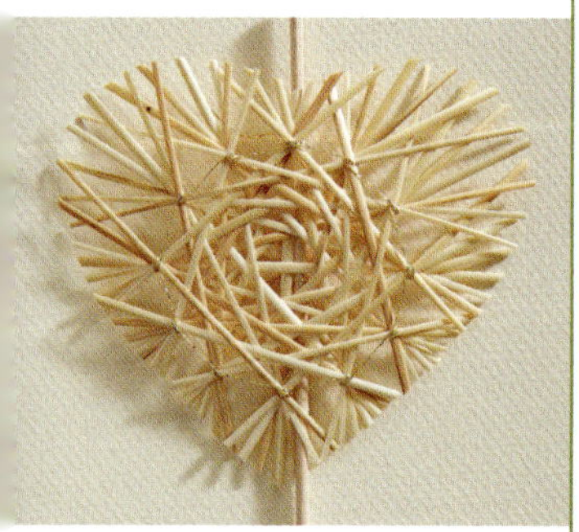

Tipp: *Variieren Sie die Reihenfolge der Runden, die Sternenmitte erhält dann einen anderen Charakter. Bei diesem Herzstern liegen die Kreuzhalme hinten (siehe Technikteil Seite 69); die Runden erfolgen – im Vergleich zu Stern L3 – in umgekehrter Reihenfolge, also „über 4", „über 3", „über 2".*

Legesystematik

Stern L1/Stern L2

1. Runde „über 3": 12 Spalthalme in Natur, je 11 cm
2. Runde „über 4": 12 Spalthalme in Natur, je 11 cm

Kreuzhalme: 6 Spalthalme in Natur, je 11 cm

Stern L3

1. Runde „über 2": 12 Spalthalme in Natur, je 13 cm
2. Runde „über 3": 12 Spalthalme in Natur, je 13 cm
3. Runde „über 4": 12 Spalthalme in Blau, je 13 cm

Kreuzhalme: 6 Spalthalme in Natur, je 13 cm

Techniken

- Zweifach (mehrfach) gelegte Sterne aus der 12er-Legeform, Technikteil Seite 56/57
- Mehrfach gelegte Sterne kämmen und binden, Technikteil Seite 58/59
- Die Arbeit mit Schablonen – Kreis, Blüte und Herz, Technikteil Seite 66/67

Alle Sterne nach der Grundtechnik anfertigen. Die Sterne unterschiedlich beschneiden.

Stern L1/Stern L2: Die geschlossenen Spitzen der Halme aus der Runde „über 3" beschneiden (siehe Technikteil Seite 64). Danach bei Stern L1 mithilfe einer Kreisschablone (10 cm Ø) die restlichen Halme kürzen. Bei Stern L2 eine etwas kleinere Kreisschablone verwenden (6,6 cm Ø), um alle Halme einzukürzen, die nicht zu den geschlossenen Spitzen gehören, also die Kreuzhalme und die Halme der Runde „über 4".

Stern L3: Den fertig gebundenen Stern aus der Legeform nehmen und auf eine Herzschablone legen, dabei an den Markierungen für die Kreuzhalme orientieren. Der oben liegende Kreuzhalm sollte dabei senkrecht über das Herz verlaufen. Anschließend kontrollieren, ob alle Halme bis an den Rand der Herzschablone reichen; eventuell einzelne Halme etwas herausziehen, bis alles passt. Danach den Stern beschneiden.

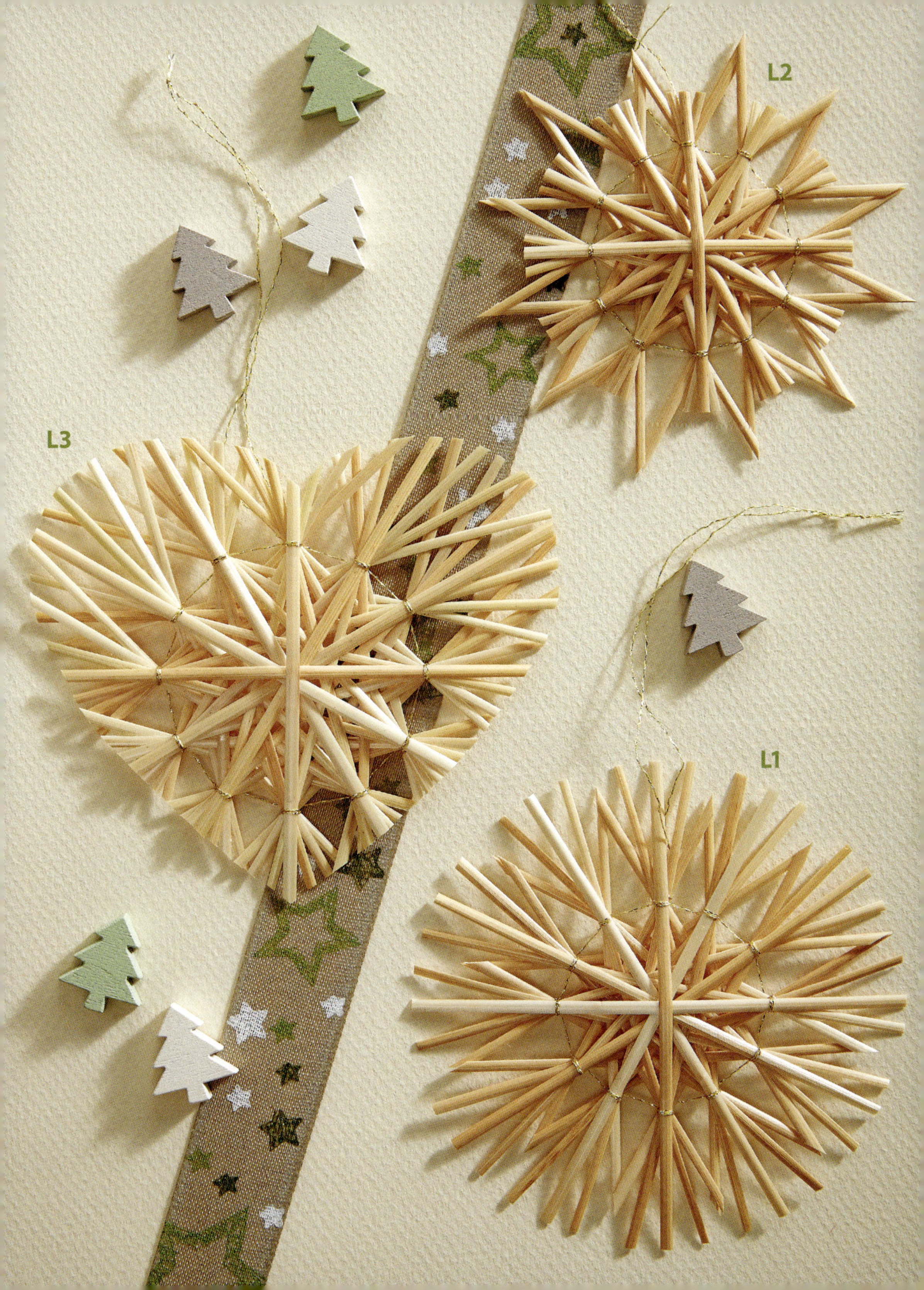
L2
L3
L1

Naturverbunden

Material

Für alle Sterne

- Spalthalme in Natur
- Garn in Silber
- 12er-Legeform, 4,1 cm Ø

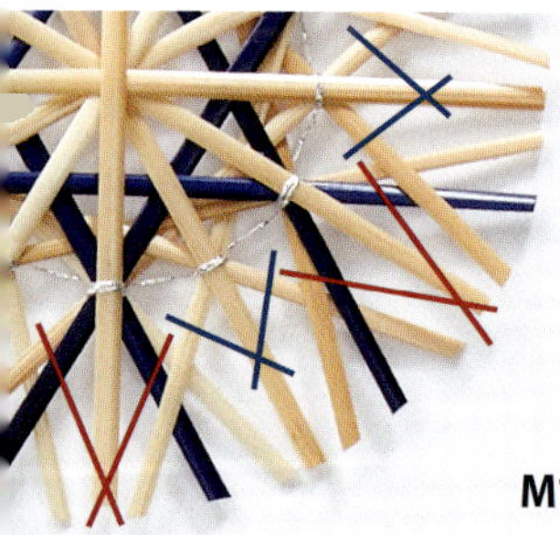

M1

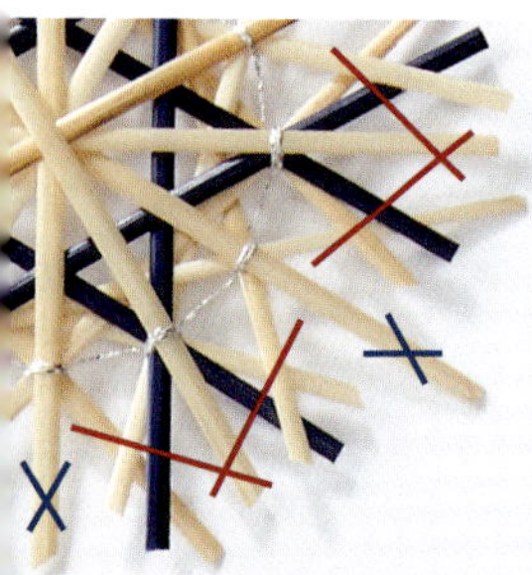

M2

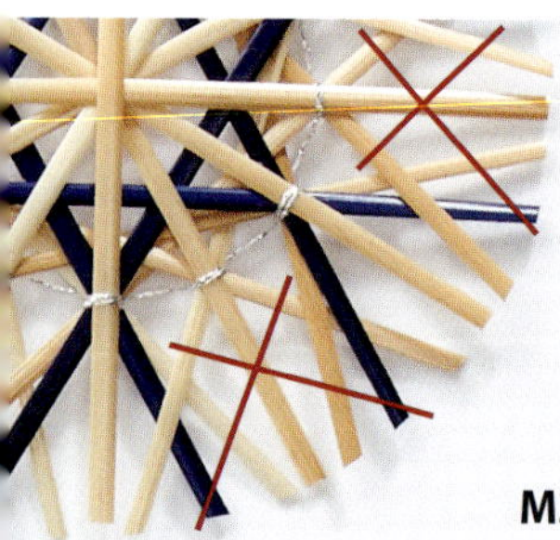

M3

Legesystematik

Stern M1/Stern M3

gleiche Legesystematik wie Stern M2, jedoch sind alle Halme 11 cm lang

Stern M2

1. Runde „über 2“: 12 Spalthalme, je 7 cm

2. Runde „über 3“: 6 (!) Spalthalme, je 7 cm

Kreuzhalme: 6 Spalthalme, je 7 cm

Stern M4

1. Runde „über 3“: 6 (!) Spalthalme, je 11 cm

2. Runde „über 2“: 12 Spalthalme, je 11 cm

Kreuzhalme: 6 Spalthalme, je 11 cm

Techniken

- Zweifach (mehrfach) gelegte Sterne aus der 12er-Legeform, Technikteil Seite 56/57
- Mehrfach gelegte Sterne kämmen und binden, Technikteil Seite 58/59

Stern M1/Stern M2/Stern M3: Zunächst eine Runde „über 2“ legen, dann eine weitere unvollständige Runde „über 3“, in der nur sechs Halme eingelegt werden. Zur Veranschaulichung wurde diese Runde für die Beschnitthilfen (siehe links) mit blauem Stroh gelegt. Achtung: Für die Sterne werden unterschiedlich lange Spalthalme benötigt. Alle Sterne binden und gemäß den Beschnitthilfen beschneiden. Die Sterne M1 und M3 zunächst mithilfe einer Kreisschablone (8,6 cm Ø) zuschneiden (siehe Technikteil Seite 68).

— Beschnitt erster Durchgang

— Beschnitt zweiter Durchgang

Stern M4: Die Spalthalme einlegen, den Stern kämmen und binden. Die Halme so zurechtziehen, dass sechs geschlossene Spitzen entstehen. Den Stern beschneiden (siehe Technikteil Seite 64/65).

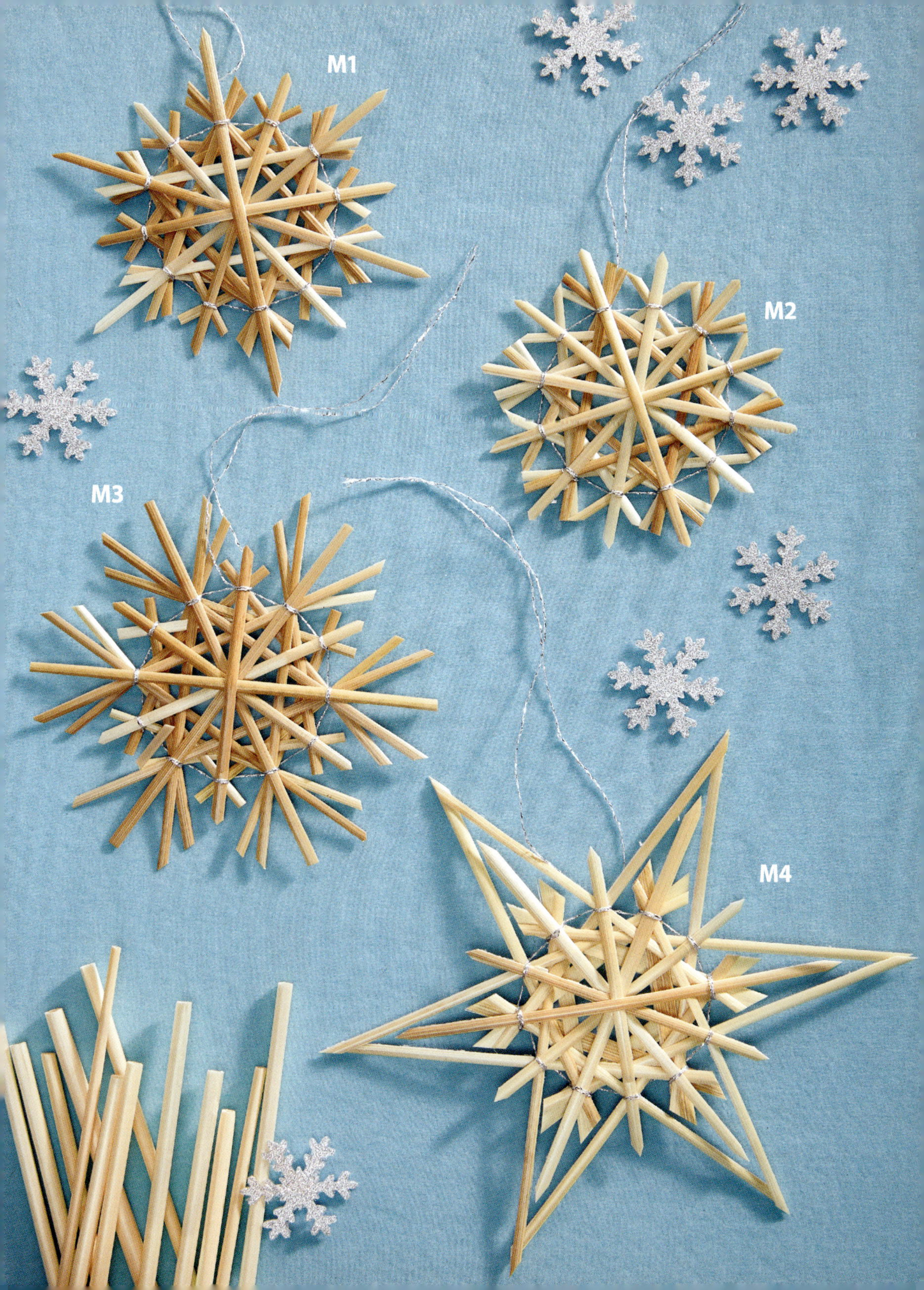
M1
M2
M3
M4

Sternenpracht

Material

Für alle Sterne

- Spalthalme in Natur, Violett, Rostrot (in verschiedenen Breiten)
- Garn in Violett bzw. Kupfer metallic
- 12er-Legeform, 5,5 cm Ø

Legesystematik

Stern N1

Kreuzhalme: 6 Spalthalme in Rostrot, je 11 cm
1. Runde „über 4“: 12 Spalthalme in Natur, je 11 cm
2. Runde „über 3“: 12 Spalthalme in Violett, je 11 cm
3. Runde „über 4“: 12 Spalthalme in Natur, je 11 cm

Stern N2

Kreuzhalme: 6 Spalthalme in Rostrot (extrabreit), je 11 cm
1. Runde „über 4“: 12 Spalthalme in Natur, je 11 cm
2. Runde „über 2“: 12 Spalthalme in Violett, je 11 cm

Stern N3

Kreuzhalme: je 3 Spalthalme in Violett und Rostrot (extrabreit), je 11 cm
1. Runde „über 3“: 12 Spalthalme in Violett, je 11 cm
2. Runde „über 2“: 12 Spalthalme in Rostrot, je 11 cm
3. Runde „über 4“: 12 Spalthalme in Natur, je 11 cm

Techniken

- Zweifach (mehrfach) gelegte Sterne aus der 12er-Legeform, Technikteil Seite 56/57
- Mehrfach gelegte Sterne kämmen und binden, Technikteil Seite 58/59
- Mehrfach gelegte Sterne mit einer Sticknadel binden, Technikteil Seite 60/61
- Hinten liegende Kreuzhalme, Technikteil Seite 69
- Extrabreites Stroh anfertigen und verarbeiten, Technikteil Seite 72

Stern N1: Den Stern legen und binden. Der Beschnitt wird im Technikteil auf Seite 68 erklärt.

Stern N2: Den Stern legen und binden. Anschließend zunächst die geschlossenen violetten Spitzen beschneiden, danach die restlichen Halme. Hierfür eine Kreisschablone (10 cm Ø) zu Hilfe nehmen (siehe Technikteil Seite 68).

Stern N3: Zunächst drei violette Kreuzhalme auf die Hilfslinien der Legeform legen, danach drei rostrote Halme ergänzen. Dann die restlichen Spalthalme in drei Runden einlegen. Den Stern binden und beschneiden (siehe Technikteil Seite 66/67).

***Tipp:** Alternativ zur Wickeltechnik für hinten liegende Kreuzhalme kann Stern N3 auch von vorne gewickelt werden. Dann wird der Faden bei der dritten Umwicklung nicht hinter dem Kreuzhalm, sondern hinter den naturfarbenen Halmen der Runde „über 4“ entlanggeführt.*

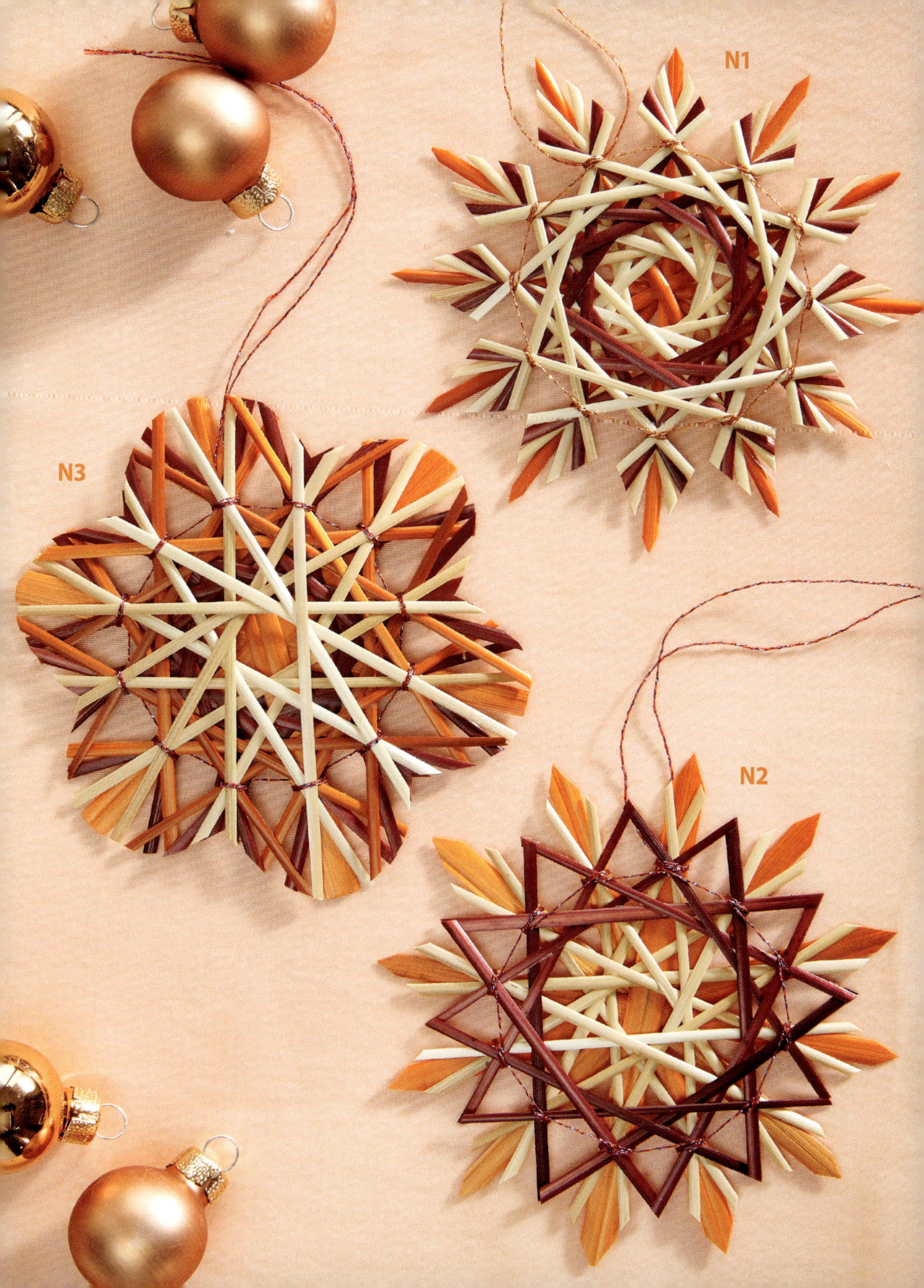
N1
N3
N2

Mit Perlenkränzen

Material

Für alle Sterne

- Spalthalme in Natur
- 12er-Legeform, 5,5 cm Ø

Stern O1

- 12 braune Holzperlen, 6 mm Ø
- Garn in Braun, 110 cm

Stern O2

- 12 Glasperlen in Hellrot, 5 mm Ø
- 12 Glasperlen in Dunkelrot, 5 mm Ø
- 24 Rocailles in Gold, 2,6 mm Ø
- Garn in Gold, 110 cm

Stern O3

- ca. 50 Rocailles und Stiftperlen, gemischt
- Garn in Violett metallic, 110 cm

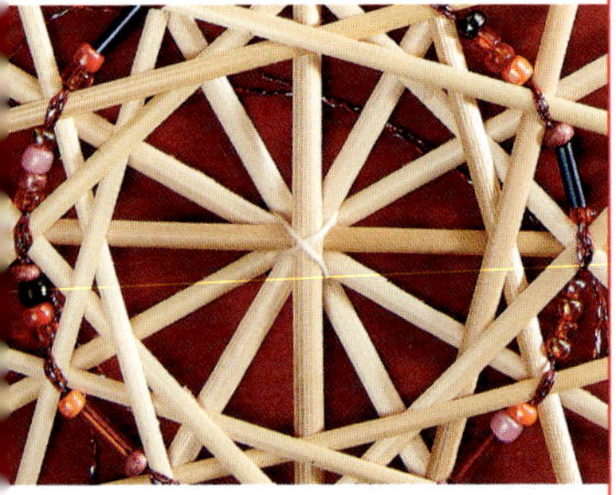

Legesystematik

Für alle Sterne

Kreuzhalme: 6 Spalthalme, je 11 cm

1. Runde „über 2“: 12 Spalthalme, je 11 cm

Techniken

- Hinten liegende Kreuzhalme, Technikteil Seite 69
- Perlen einarbeiten, Technikteil Seite 70

Alle Sterne so legen, dass die Kreuzhalme hinten liegen; anschließend die Sterne kämmen. Beim Binden die Perlen einarbeiten.

Mithilfe von Perlen können Sie wunderschöne Akzente setzen. Mit Holzperlen in Naturtönen wirkt Stern O1 natürlich und traditionell. Stern O2 vereinigt die klassischen Weihnachtsfarben Rot und Gold; die großen roten Perlen bilden zudem einen schönen Kontrast zu dem naturfarbenem Stroh. Viele kleine, farblich gemischte Perlen – wie bei Stern O3 – treten nicht so deutlich hervor, sondern sehen eher aus wie ein farblich changierendes Band.

Strohsterne – nicht nur solche mit Perlen! – können sehr schön auf Briefkarten aufgenäht werden; auf diese Weise lassen sie sich ablösen, ohne beschädigt zu werden. Gut geeignet sind farbige Briefkarten im Format A6 oder quadratische Karten (13,5 x 13,5 cm). Zunächst die Karte auf eine Papp- oder Styropor-Unterlage legen und vier Löcher (wie bei einem Knopf) einstechen. Den Stern mit einem farblich passenden Faden aufnähen (siehe Detailfoto). Den Aufhänger des Sterns mit einem Zahnstocher hinter den Stern schieben.

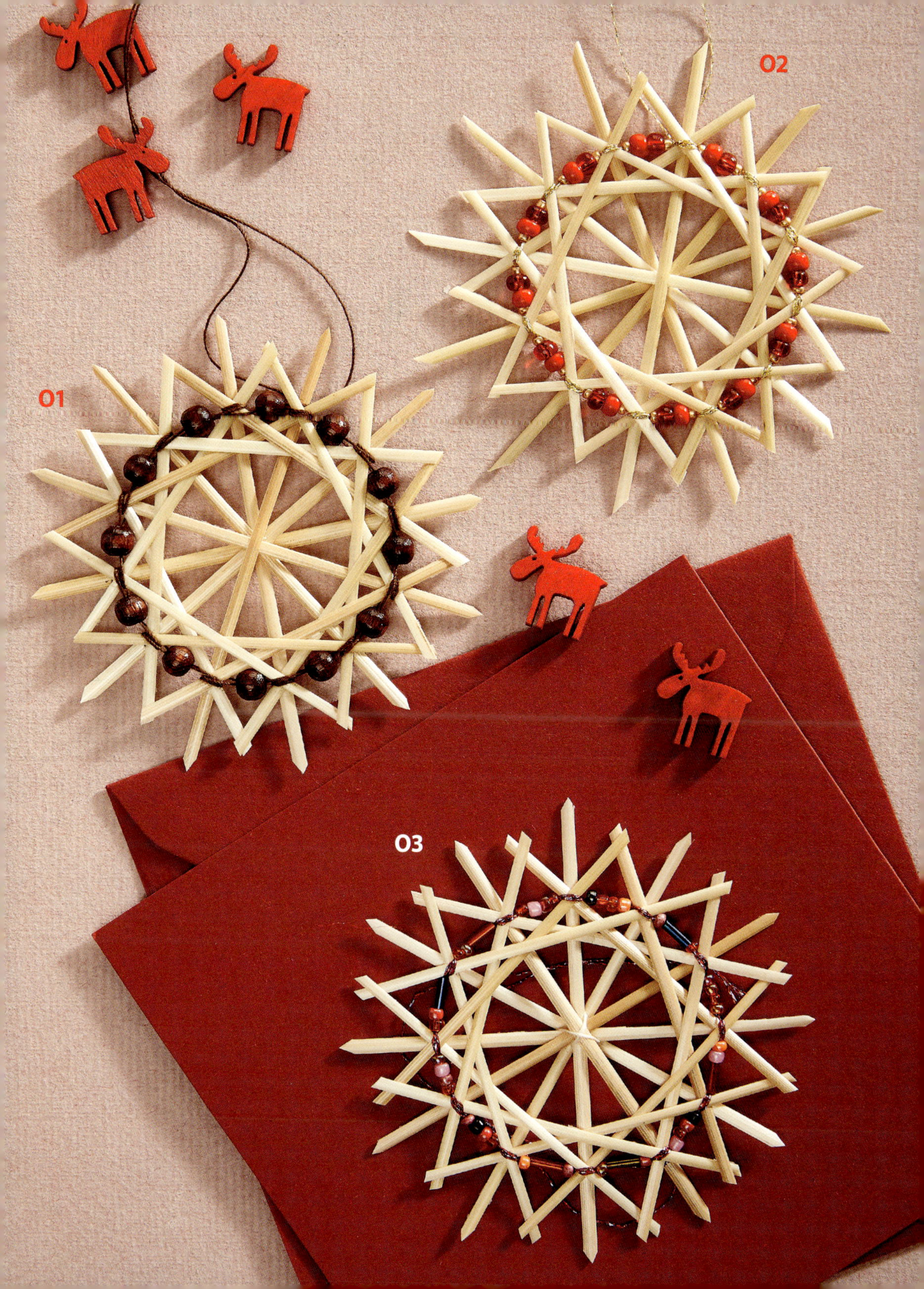
02
01
03

Nostalgisches Flair

Material

Für alle Sterne

- Spalthalme in Natur
- Goldgarn
- 12er-Legeform, 5,5 cm Ø

Legesystematik

Für alle Sterne

1. Runde „über 3": 12 Spalthalme, je 11 cm
2. Runde „über 2": 12 Spalthalme, je 11 cm
3. Runde „über 1": 12 Spalthalme, je 11 cm

Kreuzhalme: 6 Spalthalme, je 11 cm

Techniken

- Zweifach (mehrfach) gelegte Sterne aus der 12er-Legeform, Technikteil Seite 56/57
- Mehrfach gelegte Sterne kämmen und binden, Technikteil Seite 58/59
- Die Arbeit mit Schablonen – Kreis, Blüte und Herz, Technikteil Seite 66
- Geschlossene Spitzen perfekt beschneiden – konturgebende Spitzen zuletzt beschneiden, Technikteil Seite 65

Alle Sterne nach der Grundtechnik anfertigen: Die Spalthalme in die 12er-Form einlegen, die Sterne kämmen und dann binden. Die Sterne unterschiedlich beschneiden, Beschnitthilfen siehe Seite 76 im Technikteil.

Hinweis: Drei Lagen gleichfarbiger Halme einzulegen, ist nicht einfach. Wenn Sie Schwierigkeiten hierbei haben, ersetzen Sie in einer oder in zwei Runden die naturfarbenen Halme durch farbige.

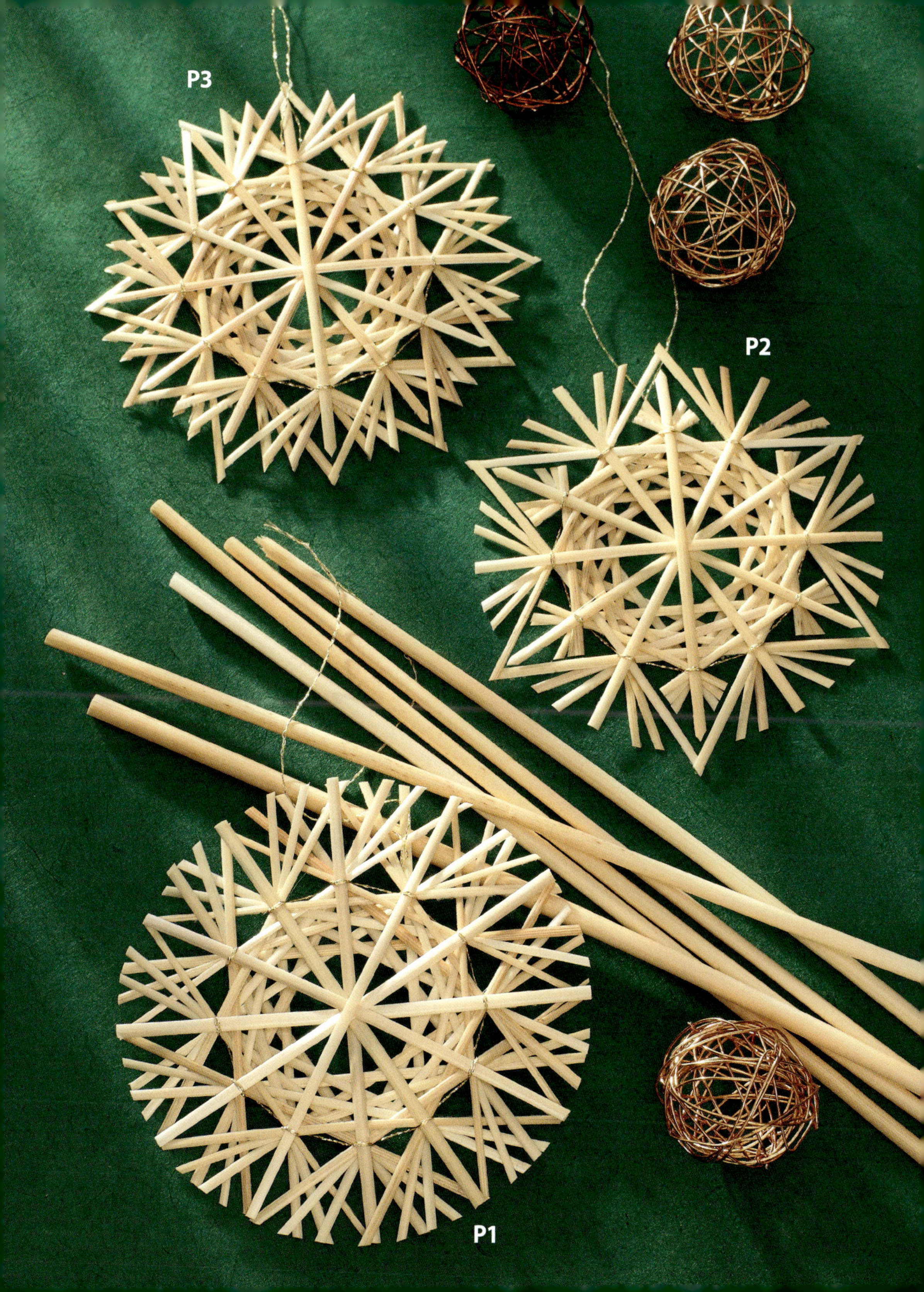
P3
P2
P1

Mit Transparentpapier

Material

Für alle Sterne

- Transparentpapier (100 g/qm)
- Gelstifte in Weiß, Gold

Stern Q1

- Spalthalme in Natur
- Garn in Silber
- 12er-Legeform, 5,5 cm Ø

Stern Q2

- Spalthalme in Natur
- Garn in Gold
- 12 Stiftperlen in Gold, ca. 7 mm lang
- 12er-Legeform, 5,5 cm Ø

Stern Q3

- Spalthalme in Natur
- Garn in Weiß
- 12er-Legeform, 4,1 cm Ø

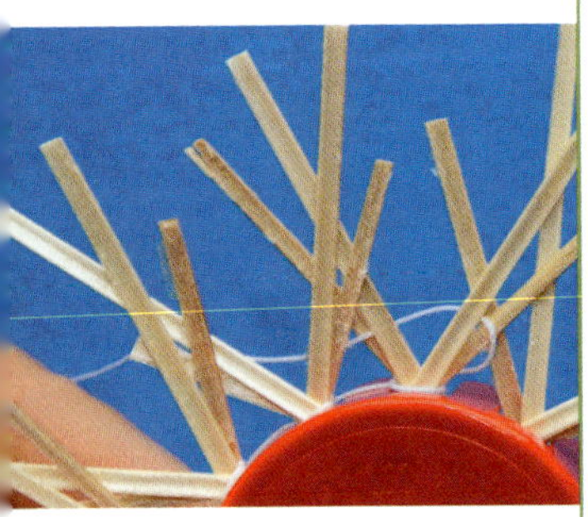

Legesystematik

Stern Q1/Stern Q2

1. Runde „über 2“: 12 Spalthalme in Natur, je 11 cm
Transparentpapier, 4,9 cm Ø
2. Runde „über 1“: 12 Spalthalme in Natur, je 11 cm

Stern Q3

1. Runde „über 3“: 12 Spalthalme in Natur, je 11 cm
Transparentpapier, 3,6 cm Ø
2. Runde „über 2“: 12 Spalthalme in Natur, je 7 cm

Techniken

- Zweifach (mehrfach) gelegte Sterne aus der 12er-Legeform, Schritt 1 bis 3, Technikteil Seite 56/57
- Papier einarbeiten, Technikteil Seite 71

Bei der Anfertigung aller Sterne auf dieser Seite werden keine Kreuzhalme verwendet; die Mitte des Sterns bleibt deshalb offen. Wer mag, kann in die Öffnung ein Stück Transparentpapier einarbeiten. Die Spalthalme nach der Grundtechnik einlegen. Für das Einarbeiten der Papierkreise die Anleitung im Technikteil auf Seite 71 beachten.

Tipp zum Binden: Bei Sternen mit einer offenen Mitte fehlt der Kreuzhalm, hinter dem normalerweise bei der letzten Umwicklung der Faden entlanggeführt und festgezogen wird. Stattdessen den Faden hinter den Halmen derjenigen Runde entlangführen, die der Mitte am nächsten ist. Beim Stern Q3 beispielsweise sind das die Halme der Runde „über 3“. Da diese Halme hinten liegen, den Stern wenden und von der Rückseite aus binden (siehe Detailfoto), so wie es bei der Anleitung „Hinten liegende Kreuzhalme“ beschrieben wird (siehe Technikteil Seite 69).

Tipp zum Bemalen: Sie können das Transparentpapier auch mit weißen oder goldfarbenen Gelstiften bemalen. Das bei den Sternen Q1 und Q2 in der Mitte abgebildete Muster stammt von Linda Dawson (siehe Impressum Seite 80).

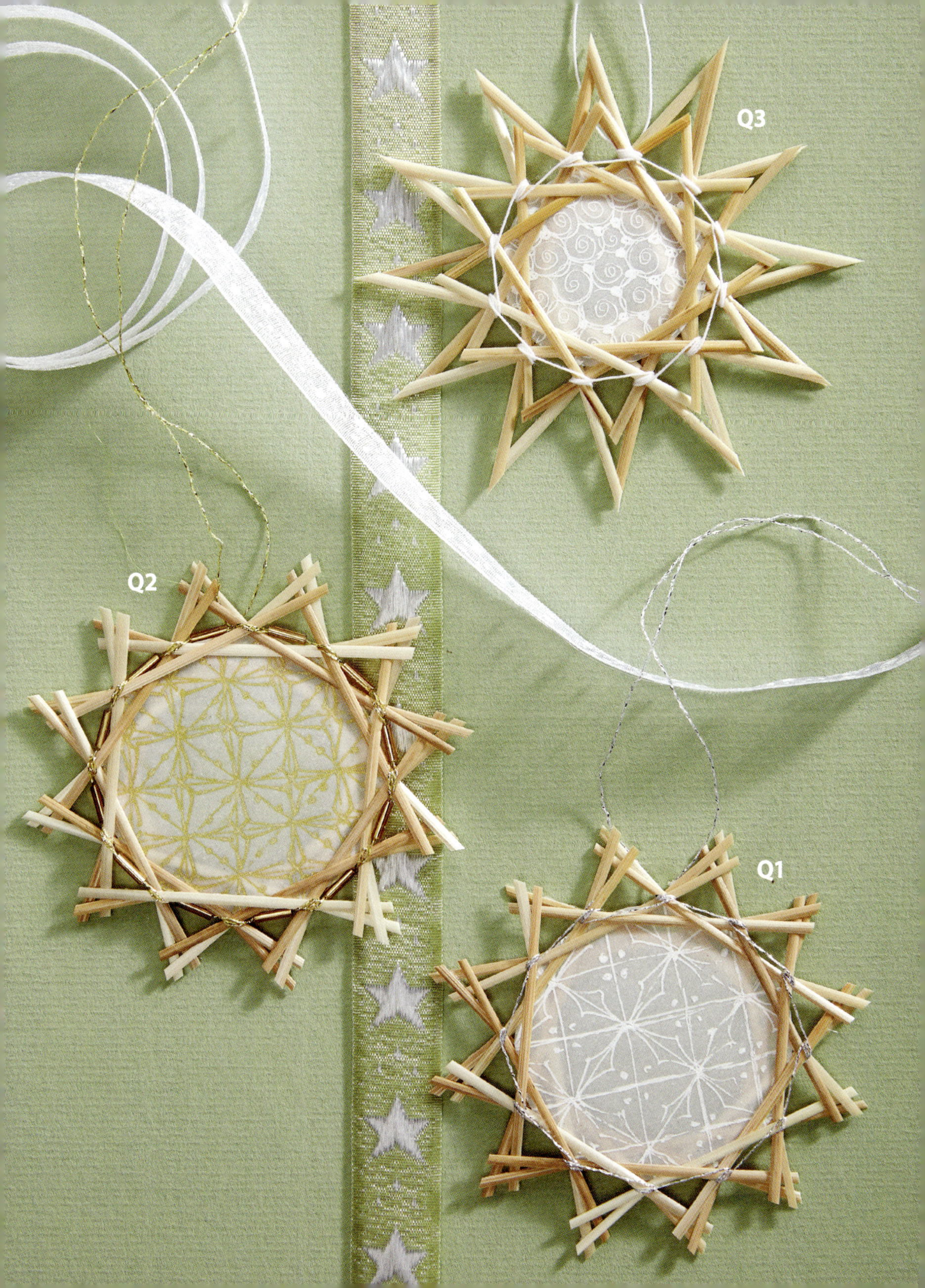
Q3
Q2
Q1

Prachtvoll arrangiert

Material

Stern R1

- Spalthalme in Natur, normal und extrabreit
- Garn in Gold, 110 cm
- 12er-Legeform, 5,5 cm Ø

Stern R2

- Spalthalme:
  - in Natur, normal und extrabreit
  - in Rot, extrabreit
- Garn in Rot, 110 cm
- 12er-Legeform, 5,5 cm Ø

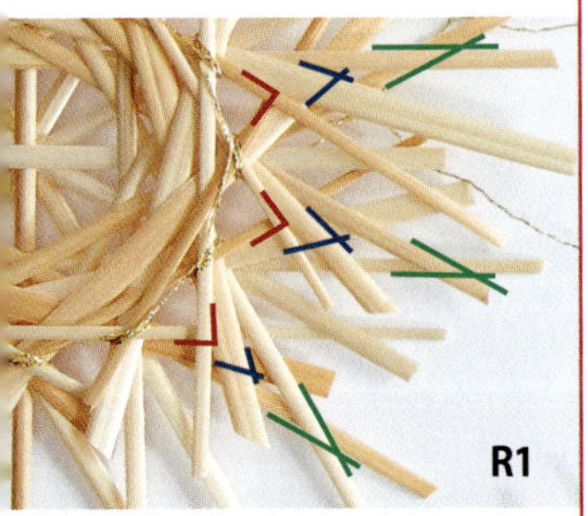

R1

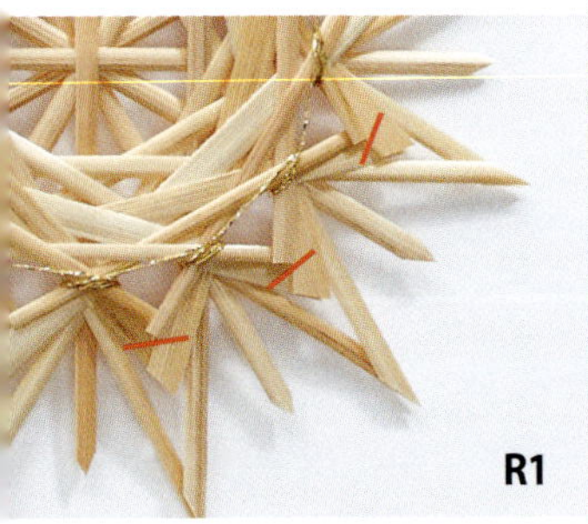

R1

Legesystematik

Stern R1

Kreuzhalme: 6 Spalthalme in Natur (etwas breiter), je 11 cm
1. Runde „über 3“: 12 Spalthalme in Natur, je 13 cm
2. Runde „über 2“: 12 Spalthalme in Natur (extrabreit), je 11 cm
3. Runde „über 1“: 12 Spalthalme in Natur (fein), je 11 cm

Stern R2

Kreuzhalme: 6 Spalthalme in Natur (extrabreit), je 11 cm
1. Runde „über 3“: 12 Spalthalme in Rot (extrabreit), je 14 cm
2. Runde „über 2“: 12 Spalthalme in Natur (fein), je 11 cm
3. Runde „über 1“: 12 Spalthalme in Natur (fein), je 11 cm

Techniken

- Zweifach (mehrfach) gelegte Sterne aus der 12er-Legeform, Technikteil Seite 56/57
- Mehrfach gelegte Sterne mit einer Sticknadel binden, Technikteil Seite 60/61
- Geschlossene Spitzen perfekt beschneiden – die Spitzen auf Spannung bringen, Technikteil Seite 64
- Hinten liegende Kreuzhalme, Technikteil Seite 69
- Extrabreites Stroh verarbeiten, Technikteil Seite 72

Da diese Sterne sehr dicht gelegt sind, sollten sie am besten mit einer Sticknadel gebunden werden. Anschließend die Sterne beschneiden:

Stern R1: Die geschlossenen Spitzen der drei Runden von innen nach außen beschneiden! Die Spitzen bei Bedarf auf Spannung bringen.
— Beschnitt erster, zweiter, dritter Durchgang
In einem vierten Schritt die Kreuzhalme beschneiden.
Anschließend nach Belieben einen fünften Beschnitt durchführen.
Stern R2: Zunächst die feinen naturfarbenen Halme bündig abschneiden und nach oben bringen (siehe Detailfoto S. 12). Danach die roten Spitzen beschneiden, bei Bedarf auf Spannung bringen. Zuletzt die Kreuzhalme beschneiden.

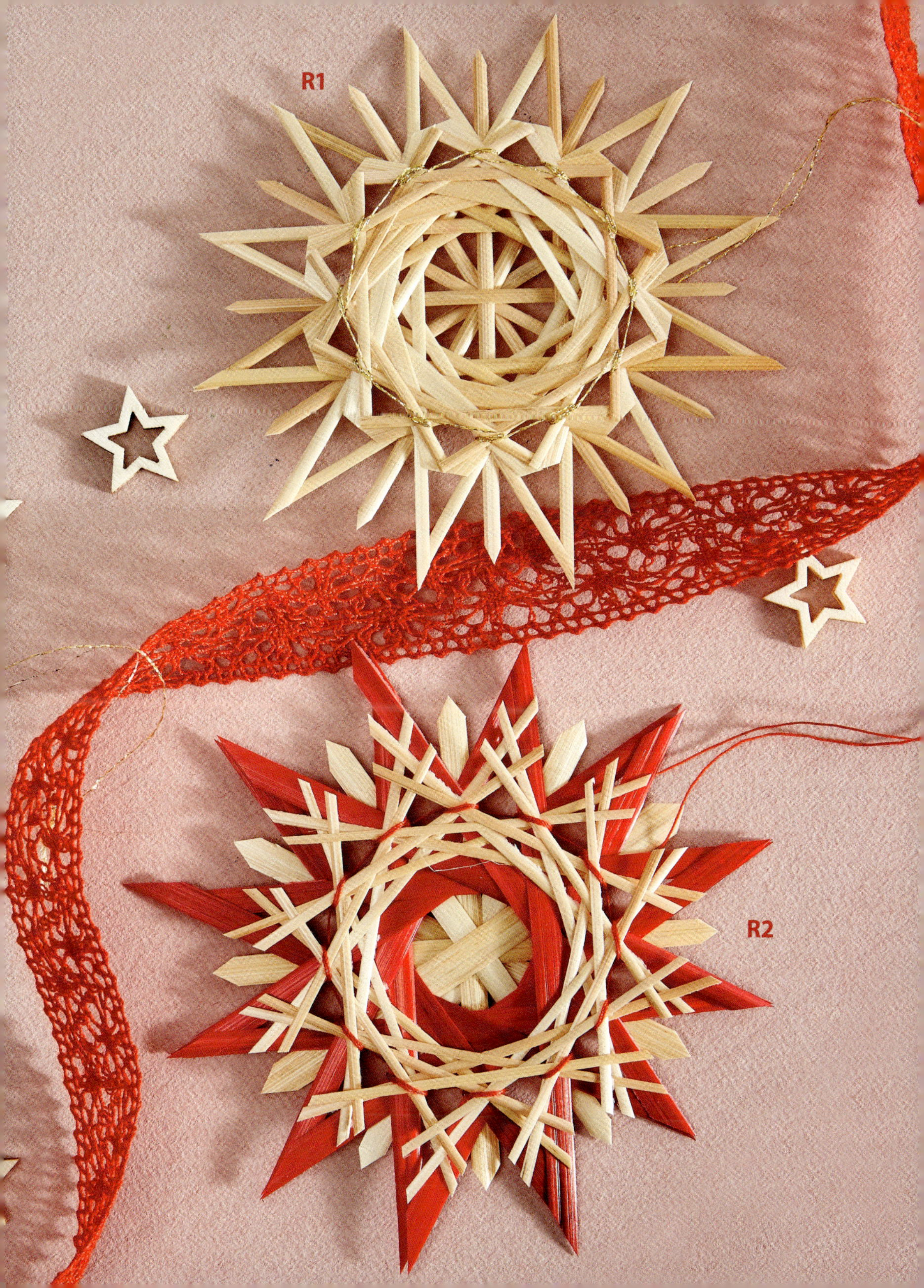
R1
R2

Moderner Stil

Material

Für alle Sterne

- Garn in Grün
- 16er-Legeform, 5,5 cm Ø

Stern S1

- Spalthalme in Natur, Hellgrün (fein), Dunkelgrün (etwas breiter)

Stern S2

- Spalthalme in Natur, Hellgrün (fein)

Stern S3

- Spalthalme in Natur, normal und extrabreit

***Tipp:** 8er-Sterne sind sehr einfach zu arbeiten. Die Halme kreuzen sich nicht viel, sodass das Binden besonders einfach ist. Deshalb sind diese Sternmodelle für das Basteln mit Kindern besonders gut geeignet.*

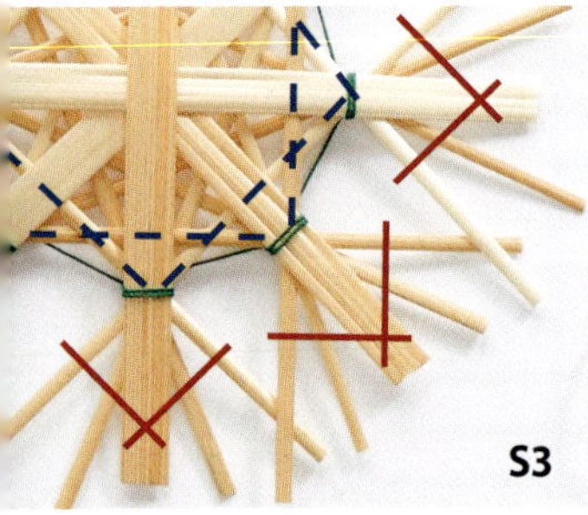

Legesystematik

Stern S1

1. Runde „über 3" (dünne Hilfslinien): 8 Spalthalme in Hellgrün (fein), je 11 cm
2. Runde „über 5" (dicke Hilfslinien): 8 Spalthalme in Natur, je 11 cm

Kreuzhalme: 4 Spalthalme in Dunkelgrün (etwas breiter), je 11 cm

Stern S2

1. Runde „über 3" (dünne Hilfslinien): 8 Spalthalme in Natur, je 11 cm
2. Runde „über 5" (dicke Hilfslinien): 8 Spalthalme in Hellgrün (fein), je 11 cm

Kreuzhalme: 4 Spalthalme in Natur, je 11 cm

Stern S3

1. Runde „über 5" (dicke Hilfslinien): 8 Spalthalme in Natur, je 11 cm
2. Runde „über 3" (dünne Hilfslinien): 8 Spalthalme in Natur, je 11 cm

Kreuzhalme: 4 Spalthalme in Natur (extrabreit), je 11 cm

Technik

8er-Sterne aus der 16er-Legeform, Technikteil Seite 73

Alle Sterne nach der Grundtechnik legen und binden. Anschließend die Sterne beschneiden:

Stern S1: Die Spitzen des Sterns wie Stern F1 (siehe auch Technikteil Seite 68) beschneiden.

Stern S2: Zunächst die geschlossenen Spitzen zuschneiden (siehe Technikteil Seite 64), dann die verbleibenden Halmbündel (grüne Halme und Kreuzhalme) einkürzen.

Stern S3: Die Spitzen des Sterns der Abbildung entsprechend so beschneiden, dass die überstehenden Halmbündel kleine Quadrate bilden.

— Beschnitt erster Durchgang

Parallel zu den Halmen der äußeren Runde schneiden, hier dargestellt durch die gestrichelte blaue Linie (siehe auch Technikteil Seite 72).

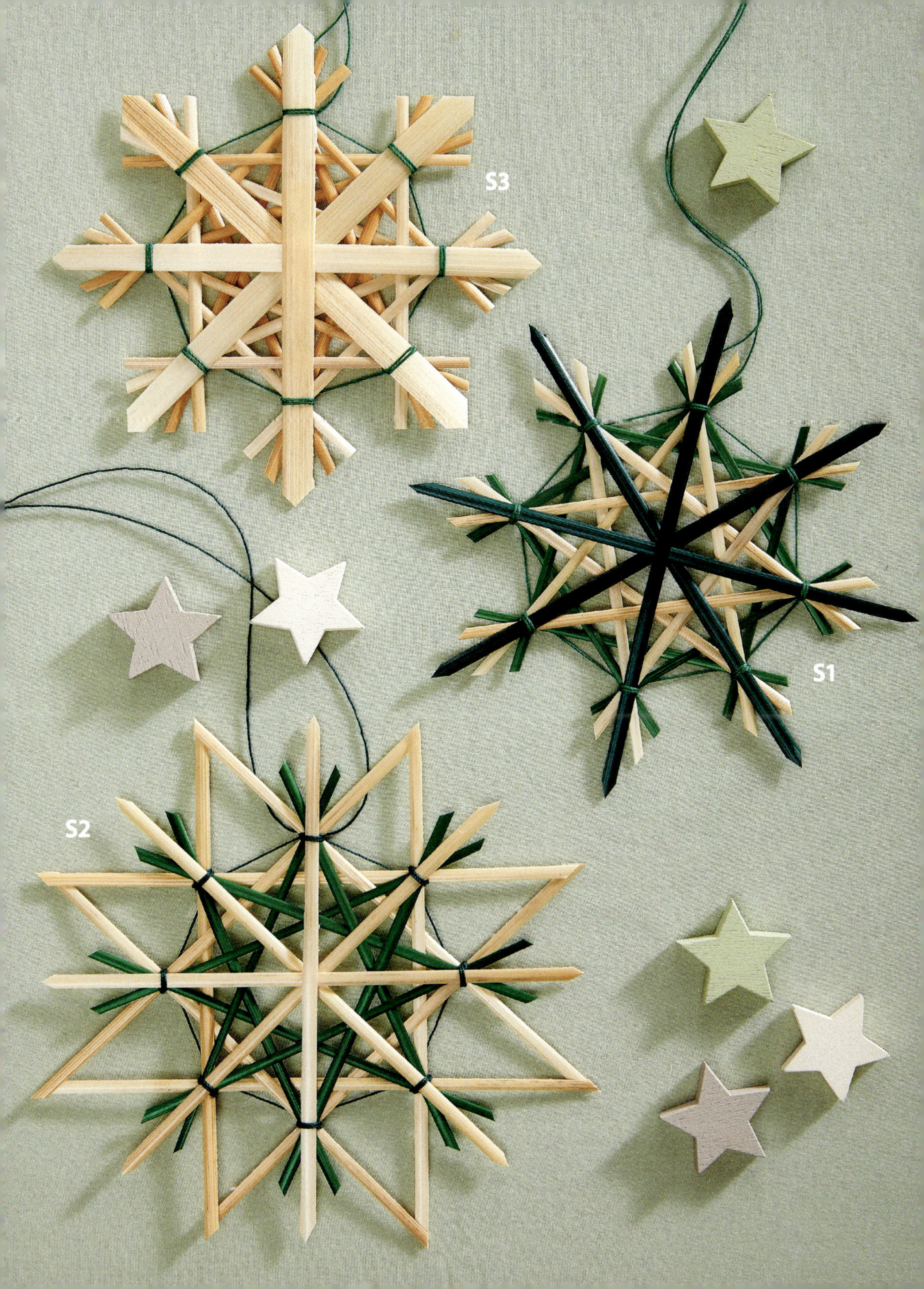
S3
S1
S2

Farbige Akzente

Material

Für alle Sterne

- 16er-Legeform, 5,5 cm Ø

Stern T1

- Spalthalme in Gelb, Dunkelgelb, Blau
- Garn in Blau

Stern T2

- Spalthalme in Gelb, Dunkelgelb, Orange, Blau
- Garn in Blau

Stern T3

- Spalthalme in Natur, Orange, Rot, Dunkelrot
- Garn in Rot

Tipp: *Nehmen Sie jeweils für die Runde „über 3" und für die Kreuzhalme etwas dickere, stabile Spalthalme.*

Legesystematik

Stern T1

1. Runde „über 5" (dicke Hilfslinien): 8 Spalthalme in Gelb, je 11 cm
2. Runde „über 3": 8 Spalthalme in Blau, je 11 cm

Kreuzhalme: je 4 Spalthalme in Dunkelgelb und Blau, je 11 cm

Stern T2

1. Runde „über 5" (dicke Hilfslinien): 8 Spalthalme in Gelb, je 11 cm
2. Runde „über 4": 16 Spalthalme in Dunkelgelb, je 11 cm
3. Runde „über 3": 8 Spalthalme in Blau, je 11 cm

Kreuzhalme: je 4 Spalthalme in Blau und Orange, je 11 cm

Stern T3

1. Runde „über 3": je 8 Spalthalme in Orange und Rot, je 11 cm
2. Runde „über 5" (dicke Hilfslinien): 8 Spalthalme in Natur, je 11 cm

Kreuzhalme: je 4 Spalthalme in Natur und Dunkelrot, je 11 cm

Techniken

- 8er-Sterne aus der 16er-Legeform, Technikteil Seite 73
- 16er-Sterne aus der 16er-Legeform, Technikteil Seite 74

Stern T1: Anleitung siehe Technikteil Seite 73

Stern T2: Dieser Stern entspricht der Legesystematik des Sterns T1. Zwischen den beiden Runden wird eine weitere Runde „über 4" eingefügt, in der 16 dunkelgelbe Halme eingelegt werden. Den Stern legen, kämmen und binden. Anschließend den Stern beschneiden: zunächst die Halme innerhalb der blauen, geschlossenen Spitzen (siehe Technikteil Seite 65), dann die geschlossenen blauen Spitzen (siehe Technikteil Seite 64). Danach die Kreuzhalme und zuletzt die verbleibenden dunkelgelben Halme der Abbildung entsprechend beschneiden.

Stern T3: In der Runde „über 3" je acht rote und orangefarbene Spalthalme abwechselnd einlegen. Die roten Halme liegen dabei auf den dünnen Hilfslinien. Die orangefarbenen Halme liegen jeweils in der Position dazwischen. In der zweiten Runde acht naturfarbene Halme nur auf den dicken Linien „über 5" einlegen. Anschließend zunächst die naturfarbenen, dann die dunkelroten Kreuzhalme einlegen. Den Stern kämmen und binden. Beschnitt: siehe Hinweis zu Stern T2.

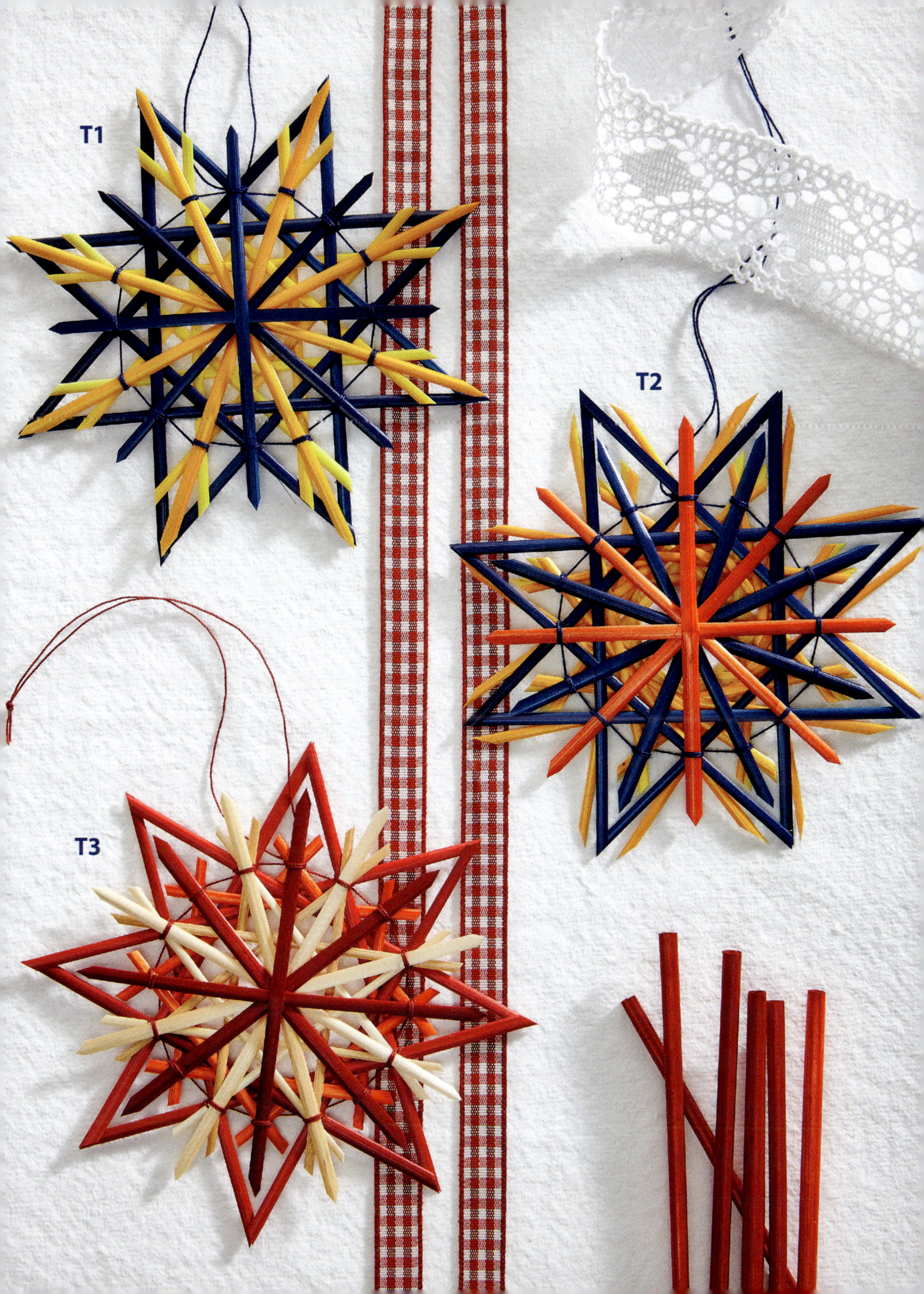
T1
T2
T3

Schlichte Schönheiten

Material

Für alle Sterne

- 16er-Legeform, 5,5 cm Ø
- Garn in Dunkelrot

Stern U1/Stern U2

- Spalthalme in Natur

Stern U3

- Spalthalme in Natur, Dunkelrot

__Tipp:__ 16er-Sterne, bei denen volle Runden (16 Halme) eingelegt werden, sehen schon als einfache Sterne (siehe Stern U1) sehr dicht aus. Bei den zwei- und dreilagigen Sternen U2 und U3 wirkt die Mitte noch dichter und flächiger. Deshalb für die Runden am besten feine Halme verwenden; die Kreuzhalme können dagegen wieder kräftiger sein.

Legesystematik

Stern U1

1. Runde „über 4“: 16 Spalthalme in Natur, je 12 cm
Kreuzhalme: 8 Spalthalme in Natur, je 12 cm

Stern U2

1. Runde „über 5“: 16 Spalthalme in Natur (fein), je 11 cm
2. Runde „über 3“: 16 Spalthalme in Natur (fein), je 11 cm
Kreuzhalme: 8 Spalthalme in Natur, je 11 cm

Stern U3

1. Runde „über 5“: 16 Spalthalme in Natur (fein), je 11 cm
2. Runde „über 4“: 16 Spalthalme in Dunkelrot (fein), je 11 cm
3. Runde „über 3“: 16 Spalthalme in Natur (fein), je 11 cm
Kreuzhalme: 8 Spalthalme in Natur, je 11 cm

Techniken

- 16er-Sterne aus der 16er-Legeform, Technikteil Seite 74
- Mehrfach gelegte Sterne kämmen und binden, Technikteil Seite 58/59
- Mehrfach gelegte Sterne mit einer Sticknadel binden, Technikteil Seite 60/61

Alle Sterne nach der Grundtechnik legen und binden. Anschließend die Sterne beschneiden:

Stern U1: Die geschlossenen Spitzen mit etwas Überstand beschneiden (siehe Technikteil Seite 64), dann die Kreuzhalme kürzen.
Stern U2/Stern U3 Zunächst mithilfe einer Kreisschablone (10 cm Ø) die Kreuzhalme auf eine einheitliche Länge kürzen, dann den Stern fertig beschneiden (siehe Technikteil Seite 68).

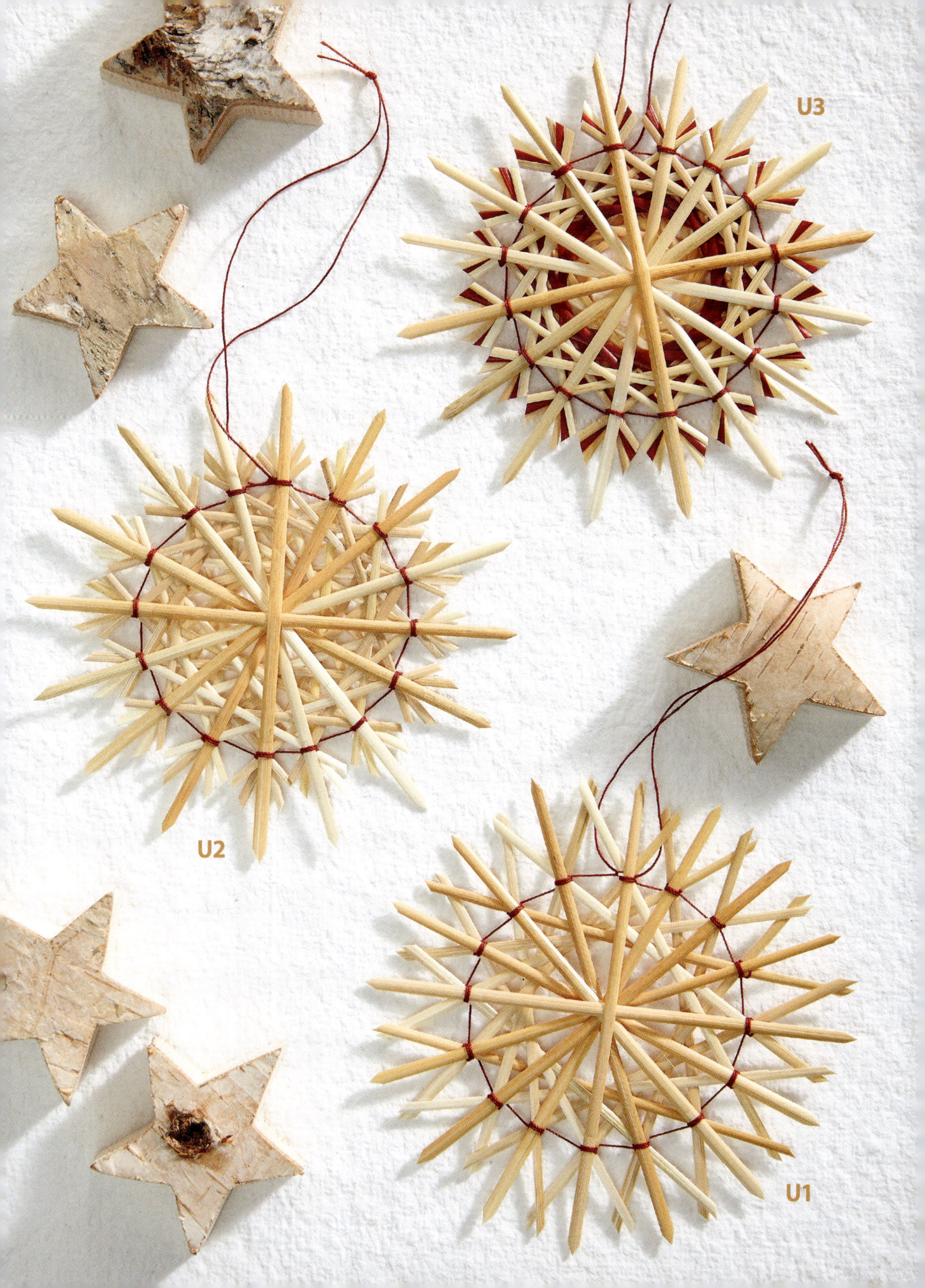
U3
U2
U1

Technikteil

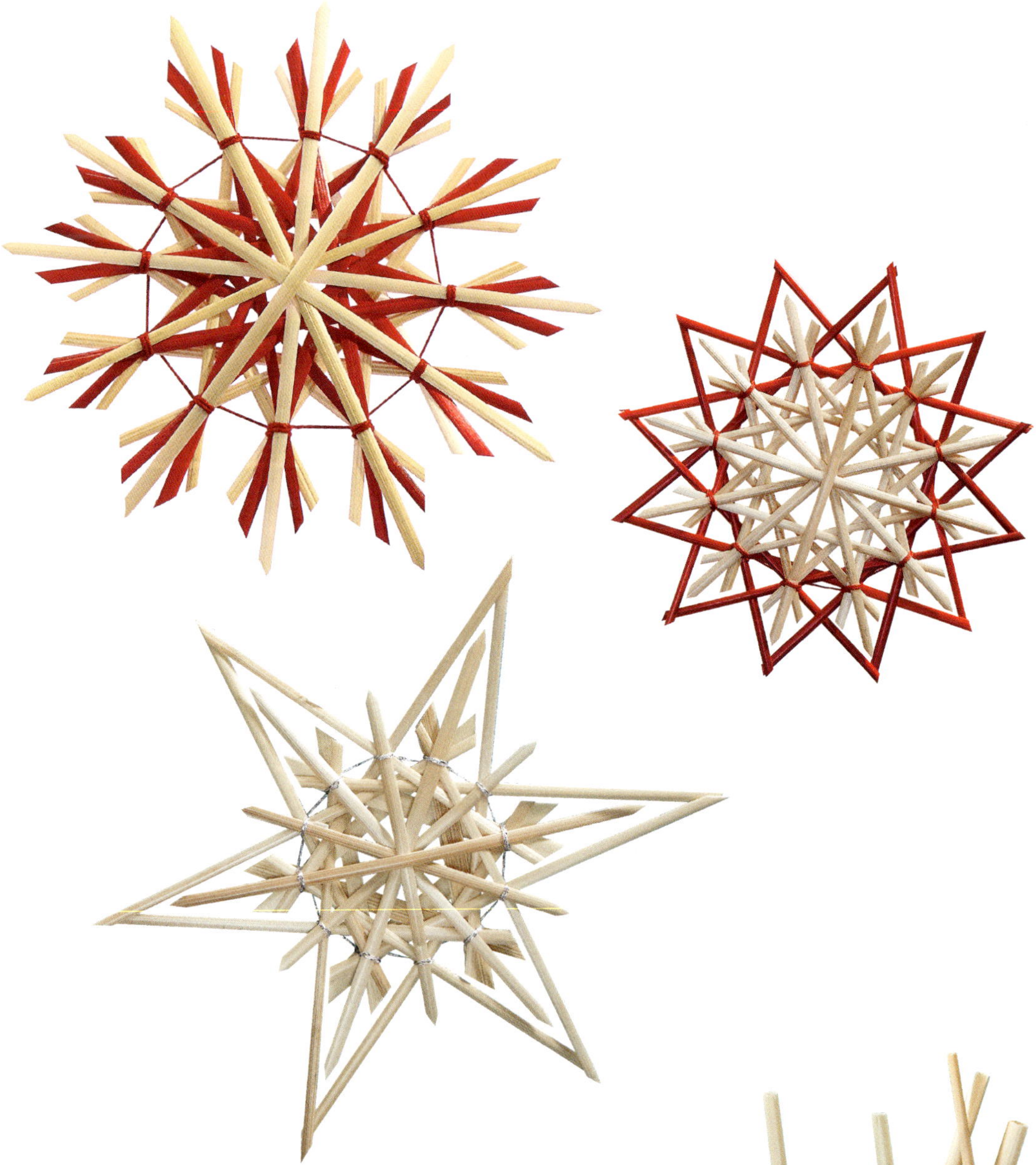

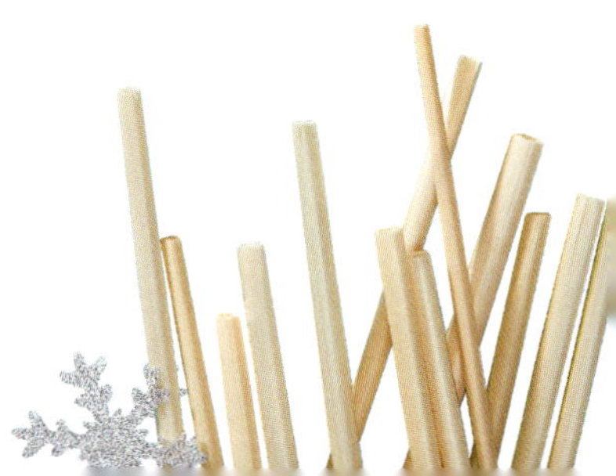

Grundtechniken

Einfach gelegte Sterne aus der 12er-Legeform

Die Runden legen

Sterne aus der Legeform werden in einer oder in mehreren „Runden" gelegt. Bei einem „einfach gelegten" Stern ist das nur eine Runde, bei einem „zweifach gelegten" Stern sind es zwei Runden usw. Bei der Grundtechnik folgt zum Abschluss eine Lage „Kreuzhalme". Für die Runden gibt es die Bezeichnungen „über 1", „über 2", „über 3" und „über 4". Sie geben an, in welcher Position die einzelnen Spalthalme in der Legeform platziert werden. Die Übersicht auf Seite 62/63 in diesem Technikheft zeigt jeweils, wie der erste und der zweite Halm eingelegt werden und wie die vollständige Runde aussieht.

Die Grundtechniken für einfach gelegte Sterne werden ausführlich am Beispiel des Sterns A1 (siehe Buch Seite 6/7) gezeigt. In der Anleitung im Buch finden Sie folgende Angaben:

Material:

- Spalthalme in Natur
- Garn in Rot
- 12er-Legeform, 5,5 cm Ø

Legesystematik:

1. Runde „über 3": 12 Spalthalme, je 11 cm
Kreuzhalme: 6 Spalthalme, je 11 cm

Das bedeutet: Es wird mit der größeren 12er-Legeform gearbeitet. Zunächst wird eine erste Runde naturfarbener Spalthalme „über 3" eingelegt. Die Halme sind jeweils 11 cm lang. Danach werden die Kreuzhalme eingelegt.

1. Für das Einlegen der Spalthalme in die Legeform gibt es verschiedene Legemöglichkeiten, bei diesem Stern den Spalthalm „über 3“ Aussparungen (Lücken) legen, also den ersten Halm so einlegen, dass drei Aussparungen frei bleiben.

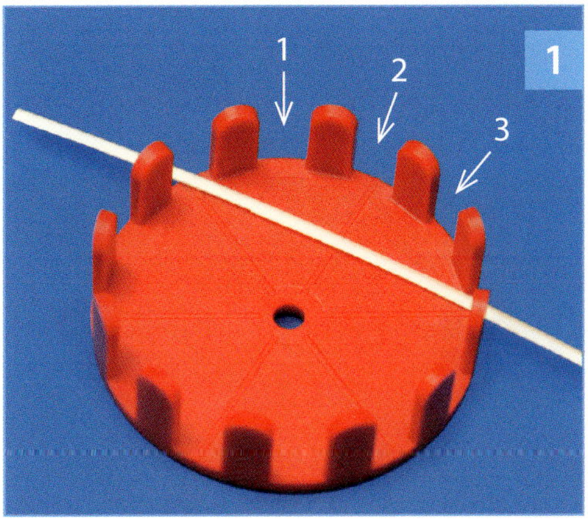

2. Nun weitere Halme „über 3“ einlegen, dabei immer eine Lücke weiter vorrücken. Die Legeform mit der linken Hand auf dem Tisch halten, mit der rechten Hand die Halme einlegen. Die Form mit der linken Hand immer ein Stück nach links drehen (also gegen den Uhrzeigersinn um eine Stunde weiterdrehen). Dann mit rechts den nächsten Halm einlegen.

Tipp: Unbedingt auf einem glatten Untergrund arbeiten. Eine Tischdecke ist ungeeignet.

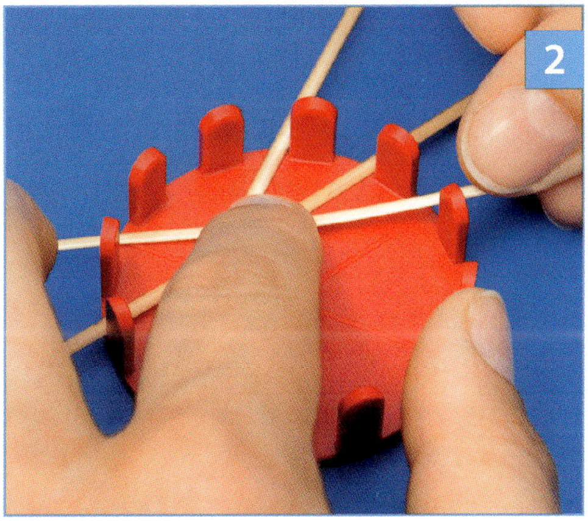

3. Am Ende liegen zwölf Spalthalme in der Legeform. In einer 12er-Legeform bilden immer zwölf Halme eine Runde. Tipp: Zählen Sie am Anfang ruhig mit. Wenn Sie bis zwölf gezählt haben, sollte die Runde voll sein.

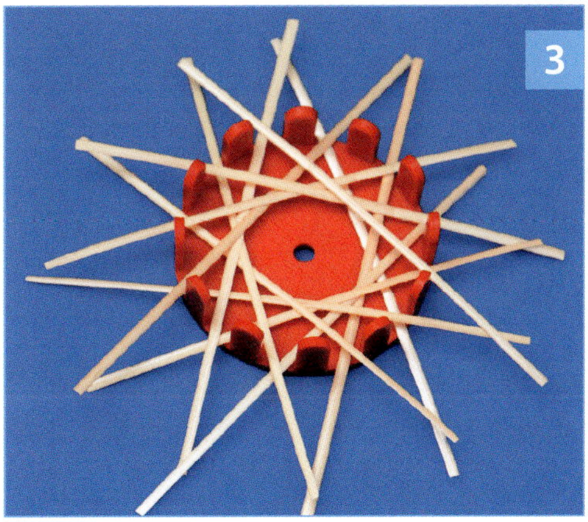

Die Kreuzhalme einlegen

Bei den meisten Sternen in diesem Buch wird der Legevorgang mit einer Lage Kreuzhalme abgeschlossen. Die Kreuzhalme (hier orangefarben dargestellt) immer durch die Mitte legen. Sie dürfen etwas breiter sein als die Spalthalme der Runden.

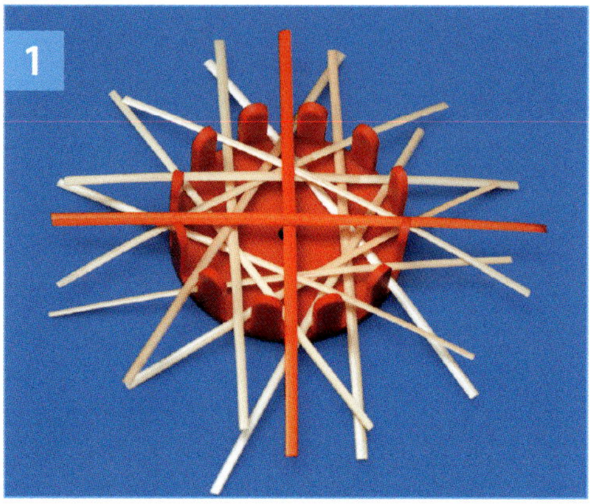

1. Den ersten Halm durch die Mitte legen. Den zweiten Halm im rechten Winkel darüberlegen.

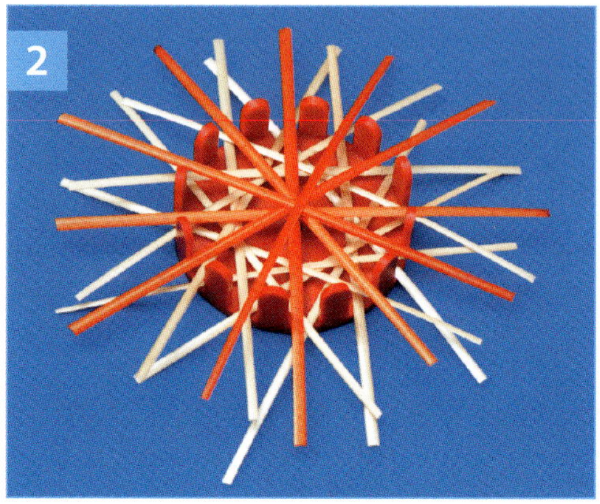

2. Auf diese Weise sechs Halme durch die Mitte einlegen. Der Zeigefinger der linken Hand sichert die bereits eingelegten Halme.

Den Klemmring einsetzen

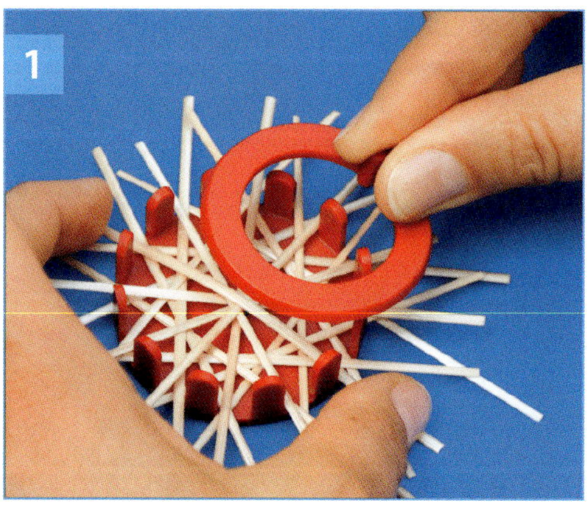

1. Sind alle Halme eingelegt, den Klemmring an den Griffen etwas zusammendrücken, in der Legeform platzieren und loslassen.

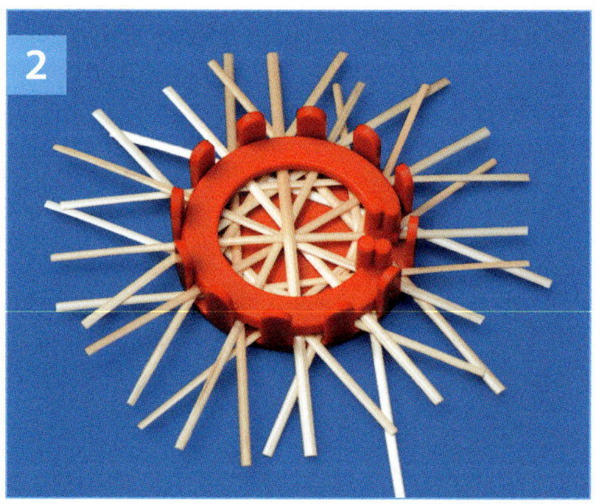

2. Den Klemmring etwas andrücken, sodass die Halme gut fixiert sind. Die Halme dürfen aber nicht eingequetscht werden.

Den Stern binden: Der erste Knoten

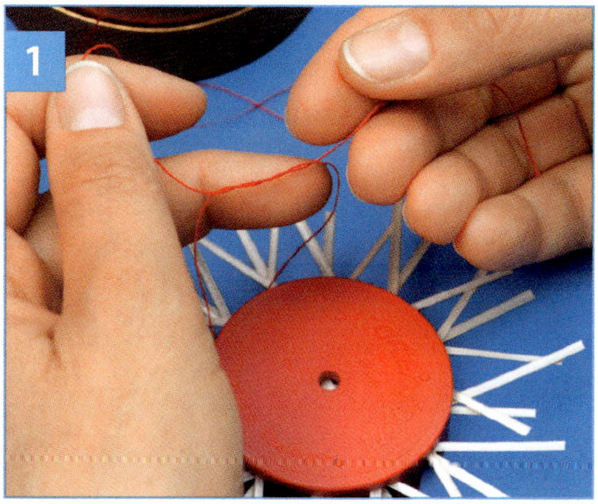

1. Die Legeform wenden. Einen Faden um ein beliebiges Halmbündel legen und eine Schlinge formen, …

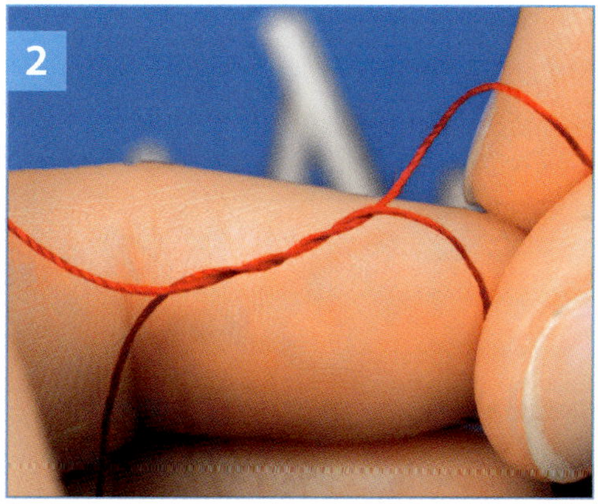

2. … dabei den Faden nicht nur einmal, sondern zweimal durch die Schlinge legen. Am freien Ende sollten etwa 10 cm überstehen (wird später für die Aufhängung verwendet).

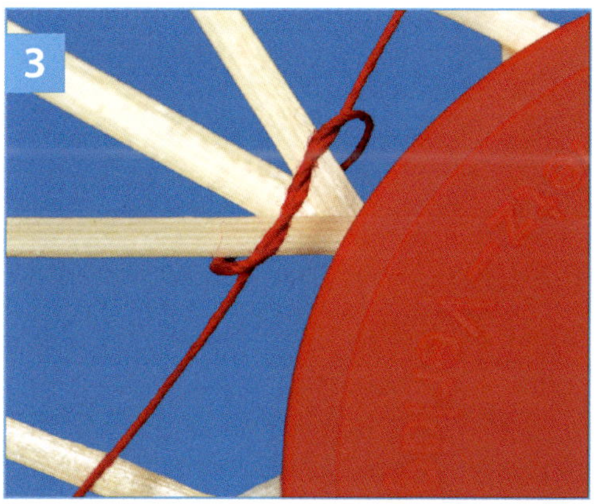

3. Den Knoten festziehen.

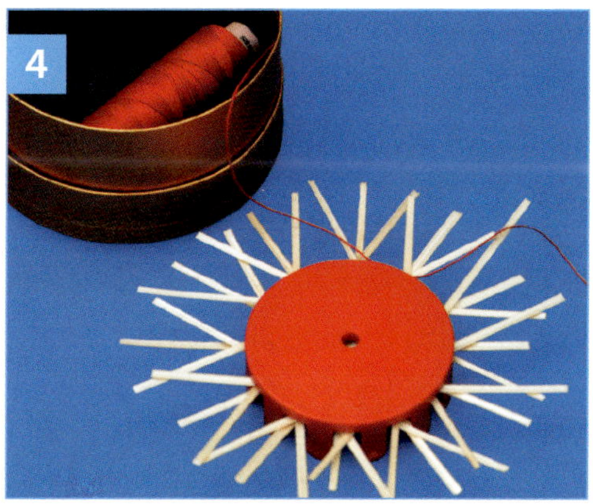

4. Den Faden noch nicht zuschneiden, sondern nach Bedarf von der Garnrolle abwickeln.

Tipp: Die Garnrolle in eine Schachtel oder ein Schälchen legen. So springt sie während der Arbeit nicht heraus.

Den Stern binden: Den Stern mit Garn umwickeln

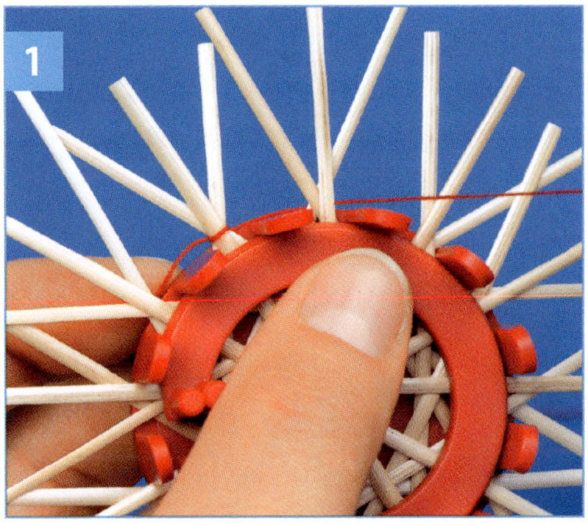

1. Die Legeform wieder umdrehen. Alle Halmbündel im Uhrzeigersinn umwickeln und binden, als Erstes das Bündel rechts des bereits verknoteten Bündels: Den Faden hinter dem Bündel nach rechts entlangführen und zwischen den Bündeln nach vorne holen, …

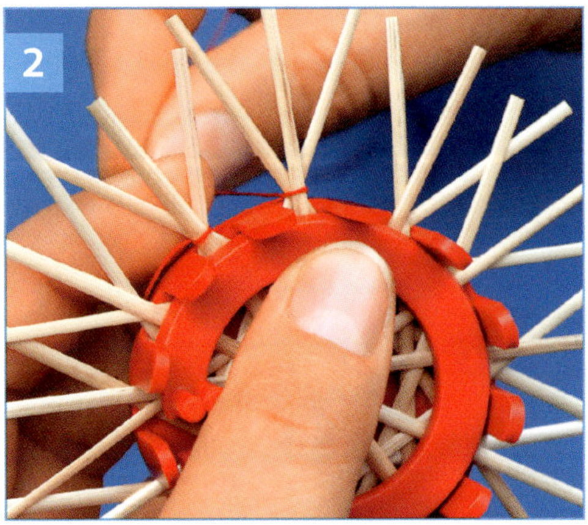

2. … auf der Vorderseite wieder nach links und dann nach hinten zurückführen. Diesen Vorgang für eine zweite Umwicklung wiederholen. Danach den Faden ein drittes Mal hinter dem Bündel nach rechts und dann nach vorne führen.

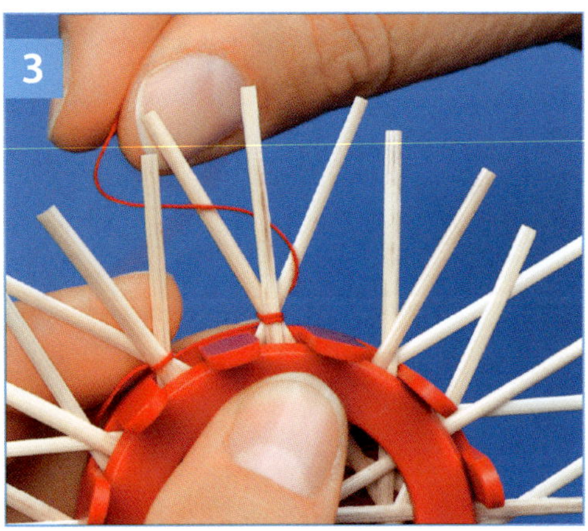

3. Auf dem Weg nach links den Faden nun nicht über alle Halme führen, sondern hinter dem Kreuzhalm entlanglegen.

4. Den Faden wie gewohnt durch die Lücke nach hinten legen und mit einem sachten Ruck nach unten ziehen. Das gibt der Bindung Stabilität. Die Arbeit kann unterbrochen und aus der Hand gelegt werden, ohne dass sich die Bindung lockert!

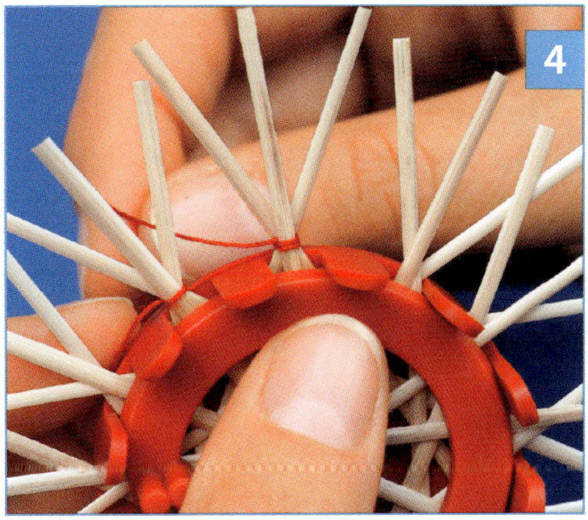

5. Den Faden zum nächsten Halmbündel weiterführen.

Tipp: Wenn Sie kleine Hände haben, können Sie die Legeform auch von oben fassen, damit die überstehenden Halme nicht an der Innenfläche Ihrer linken Hand knicken und brechen.

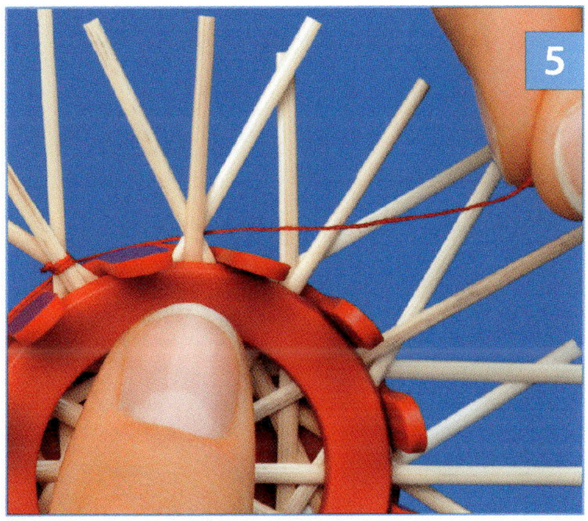

Den Stern binden: Der Abschlussknoten

Das bereits zu Anfang verknotete Bündel zuletzt binden. Dabei statt dreimal nur zweimal umwickeln. Den Faden aber wie gewohnt hinter dem Kreuzhalm entlangführen und nach hinten legen. Zum Abschluss die Legeform umdrehen. Den Faden von der Garnrolle auf die Länge des anderen Fadens abschneiden. Beide Fäden miteinander verknoten, am besten mit einem Kreuzknoten. Die Fadenenden zu einem Aufhänger verknoten.

Den Stern beschneiden

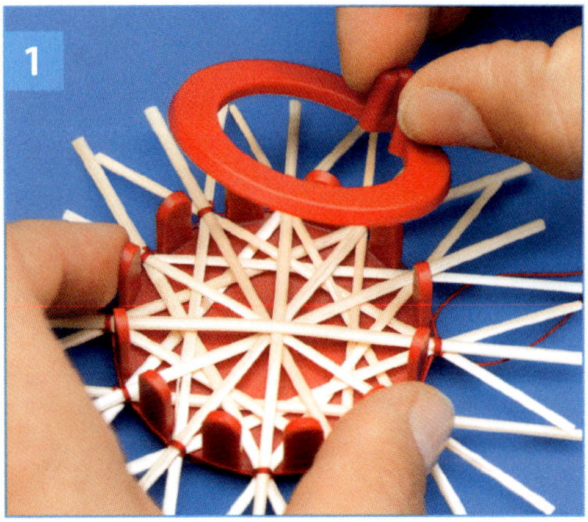

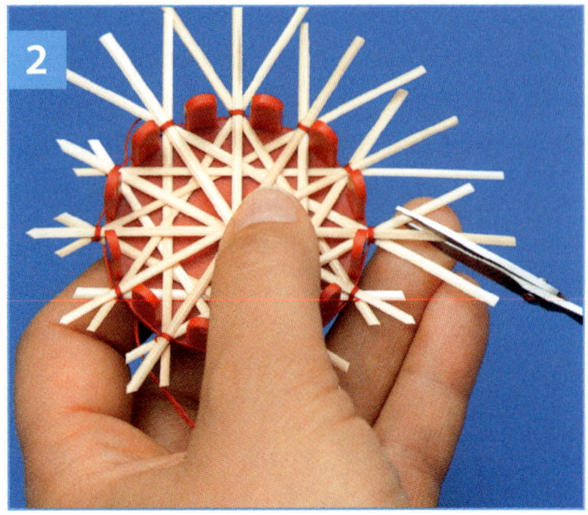

1. Den Klemmring entfernen, aber den gebundenen Stern noch nicht entnehmen.

Tipp: Den Stern zum Beschneiden möglichst in der Legeform liegen lassen. Vor und während des Beschneidens ist es manchmal notwendig, den einen oder anderen Halm noch zurechtzuziehen. Die Legeform gibt Stabilität.

2. Den Stern beschneiden. Dafür unbedingt eine scharfe Schere verwenden, da die Halme sonst gequetscht werden und sich leicht spalten. Für einen einfachen Stern reicht ein Durchgang mit zwei Schnitten je Halmbündel aus.

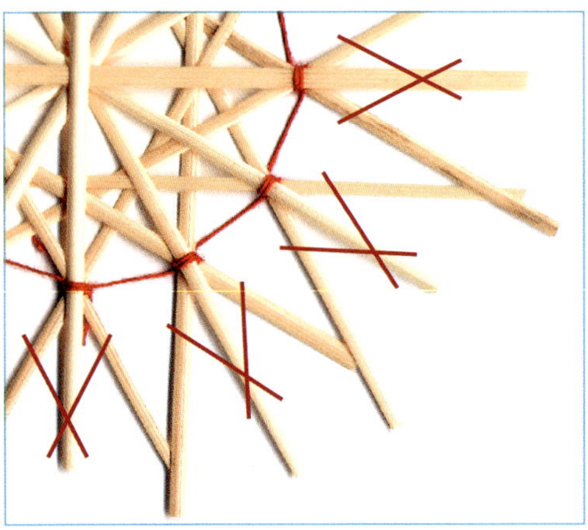

Die Halmenden an den rot markierten Stellen abschneiden. Je komplexer ein Stern gelegt ist, desto mehr Möglichkeiten ergeben sich für das Beschneiden.

Tipp: Beim Beschneiden – ähnlich wie beim Einlegen der Halme – sollte die Hand mit der Schere in einer stabilen Position bleiben, während die andere Hand den Stern dreht. So ergeben sich gleichmäßige Schnitte.

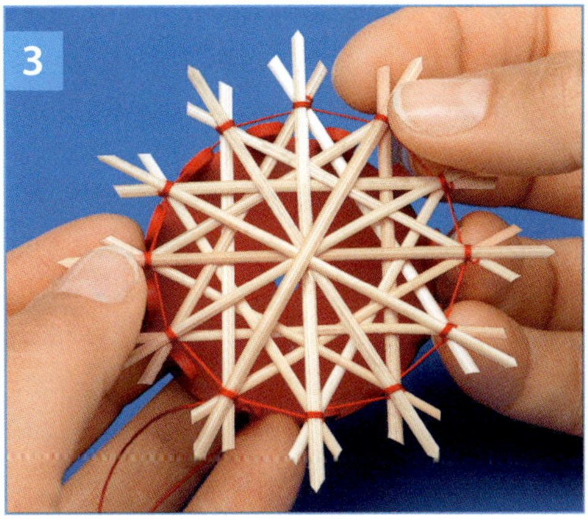

3. Den Stern vorsichtig von unten aus der Legeform drücken.

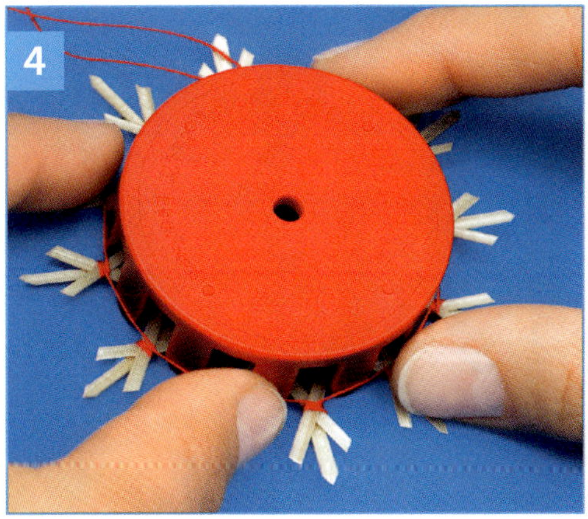

4. Bei filigranen Sternen die Legeform kopfüber auf den Tisch legen, den Stern mit beiden Händen vorsichtig nach unten drücken und dann entnehmen.

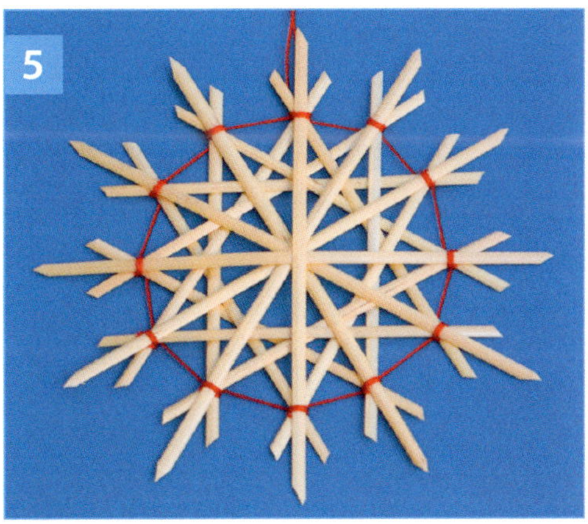

5. Der fertige Stern.

Tipp: Der erste Knoten – und damit der Aufhänger des Sterns – sollte nicht zufällig gesetzt, sondern am besten an dem oben liegenden Kreuzhalm platziert werden. Beim Aufhängen des Sterns kommt dieser Kreuzhalm dann in die Senkrechte, was sehr harmonisch wirkt.

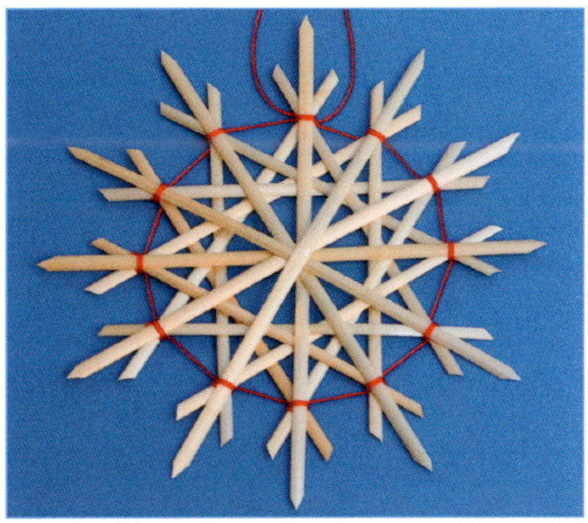

Im Unterschied zum Stern links wurde bei diesem Stern der erste Knoten zufällig gesetzt, sodass der obere Kreuzhalm beim hängenden Stern schräg liegt. Dies wirkt nicht so harmonisch.

Zweifach (mehrfach) gelegte Sterne aus der 12er-Legeform

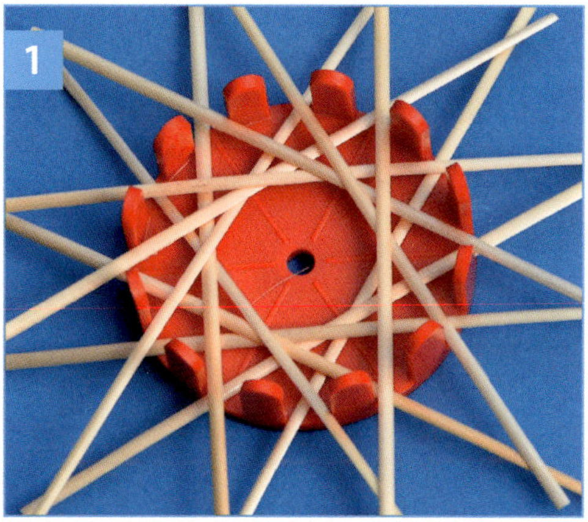

Die Grundtechniken für zweifach gelegte Sterne werden hier ausführlich für den Stern C1 gezeigt (siehe Buch Seite 10/11).

Wichtig: Alle Spalthalme vorbereiten und in Griffnähe bereitlegen. Während der Arbeit wird die linke Hand ständig benötigt, um die bereits eingelegten Spalthalme zu sichern! Je mehr Lagen Sie einschichten, desto größer ist die Gefahr, dass die Spalthalme aus der Form springen. Falls Sie die Arbeit unterbrechen müssen, setzen Sie am besten den Klemmring ein, um die bereits eingelegten Spalthalme zu sichern.

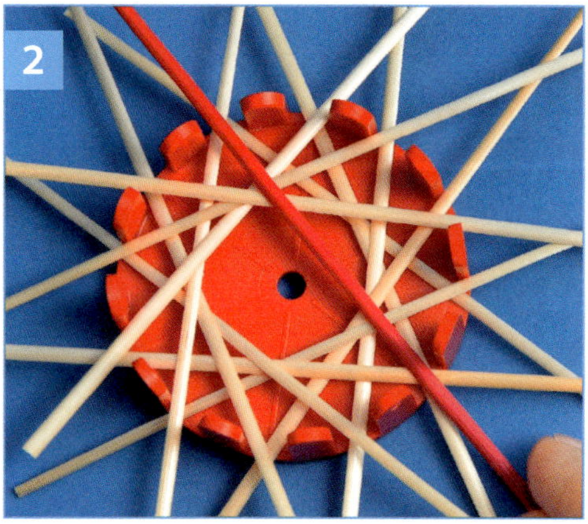

1. Die erste Runde „über 3" legen. Die fertige Runde sieht so aus.

2. In der zweiten Runde rote (!) Spalthalme, 11 cm lang, einlegen, diesmal „über 4". Den ersten Halm einlegen. Halme „über 4" führen sehr nah an dem kleinen Loch vorbei, das die Mitte der Legeform markiert.

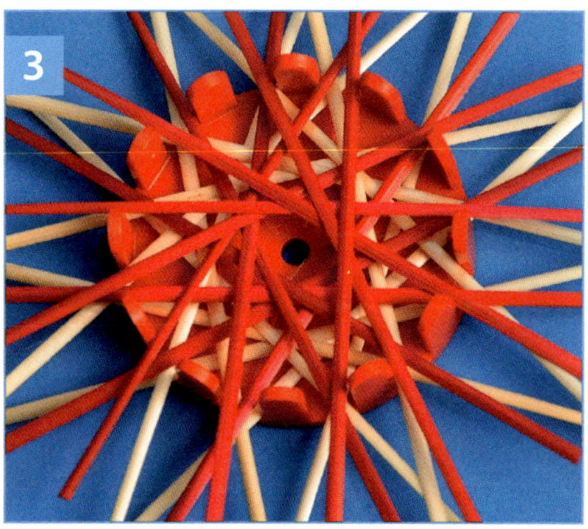

3. Die restlichen elf Halme einlegen. So sieht das Ergebnis aus. Achten Sie darauf, die eingelegten Spalthalme ständig mit der linken Hand abzusichern!

4. Die Kreuzhalme einlegen …

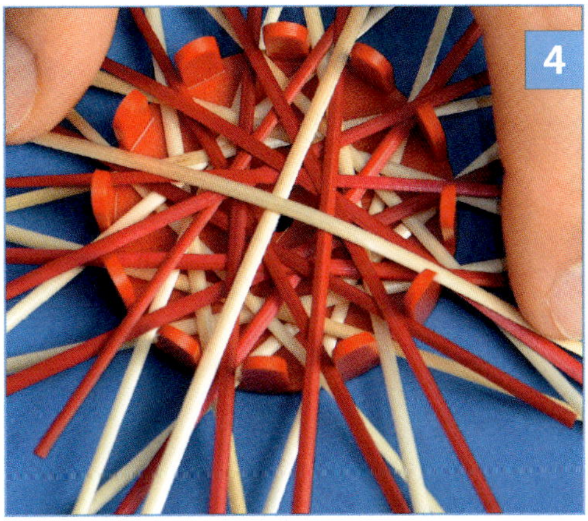

5. … und den Klemmring einsetzen.

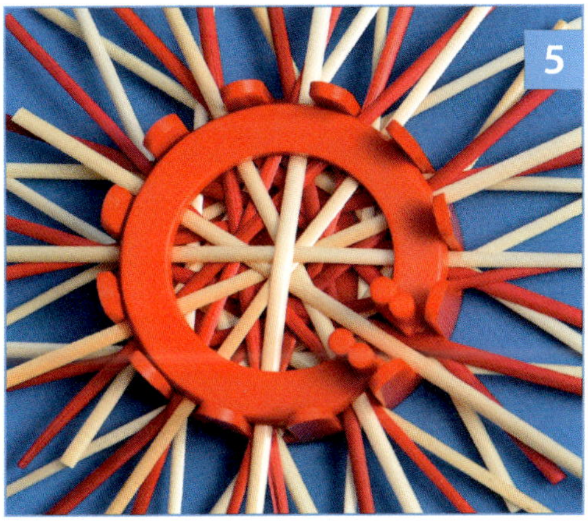

6. Den Stern binden und beschneiden.

Wichtig: In diesem Buch finden Sie nicht nur zweifach, sondern auch dreifach gelegte Sterne. Um diese mehrfach gelegten Sterne nachzuarbeiten, legen Sie die Runden immer in der angegebenen Reihenfolge ein.

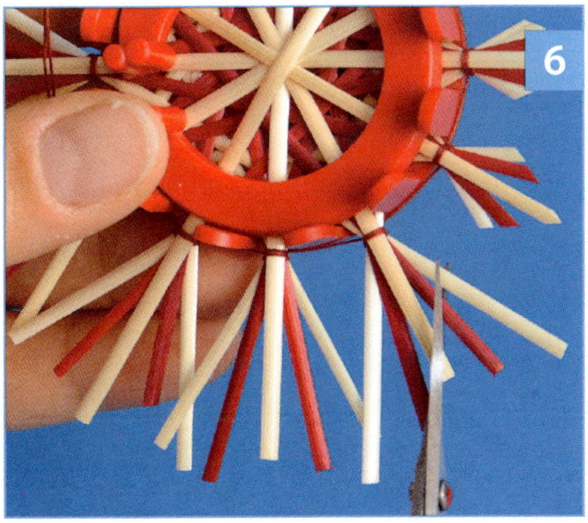

Weiterführende Techniken

Für die Anfertigung komplexer Sterne sind weiterführende Techniken sehr hilfreich. Bei den Anleitungen im Buch finden Sie zu jedem Sternenset eine Übersicht der verwendeten Techniken, die für alle Sterne des jeweiligen Sets wichtig sind. Bei den Anleitungen zu den einzelnen Sternen erhalten Sie zusätzliche Hinweise auf hilfreiche Techniken für einzelne Sterne.

In der Mitte des Technikteils befindet sich eine Übersicht aller Runden „über 1", „über 2", „über 3" und „über 4" sowie der Kreuzhalme. Diese bezieht sich auf die 12er-Legeformen, nicht auf die 16er-Legeform.

Mehrfach gelegte Sterne kämmen und binden

Wenn bei mehrfach gelegten Sternen die Runden „über 2" oder „über 1" ins Spiel kommen, kreuzen sich die Halme so stark, dass das Binden sehr mühsam wird. Wie kann der Faden am besten durch das Gewirr der Spalthalme geführt werden? Einfach, schnell und bequem gelingt es, indem man den Stern zunächst „kämmt".

Gezeigt wird dies hier am Stern E1 (siehe Buch Seite 14/15).

Tipp: Die Methode des Kämmens ist nicht nur unverzichtbar für das Arbeiten mehrfach gelegter Sterne. Sie ist auch hilfreich bei einfach gelegten Sternen wie D1–D3 (siehe Buch Seite 12/13).

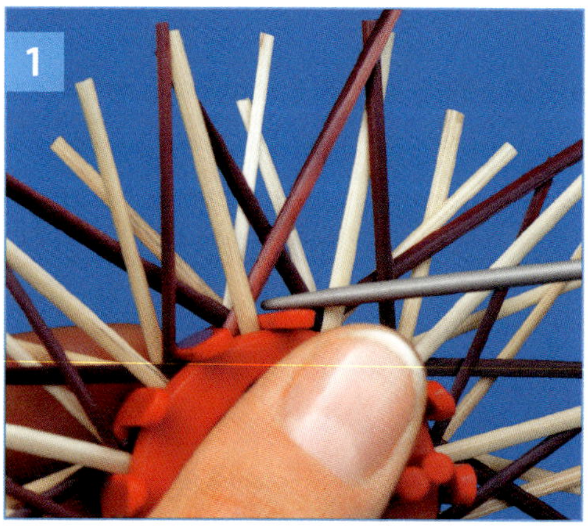

1. Einen schmalen glatten Gegenstand, z. B. eine Stricknadel oder einen Zahnstocher, in eine Lücke zwischen zwei Halmbündeln behutsam einführen …

2. … und nun vorsichtig flach nach rechts oben wegziehen. Den Vorgang bei allen Halmbündeln wiederholen. Die Spalthalme werden durch das Kämmen in zwei Lagen angeordnet. Die Spalthalme des jeweils linken Bündels liegen nun oben, die Spalthalme des rechten Bündels liegen unten.

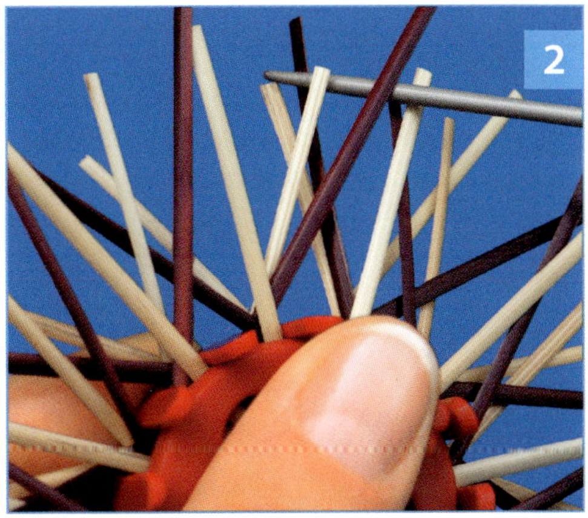

Hinweis: Achten Sie beim Kämmen darauf, dass alle Halme nebeneinanderliegender Bündel tatsächlich in die gewünschte Position gebracht werden (die linken oben, die rechten unten). Gerade bei mehrfach gelegten Sternen und bei Sternen, in denen die Lage „über 1" vorkommt, können sich die Halme leicht ineinander verhaken. Gegebenenfalls korrigieren und die Schichten zurechtzupfen. Sonst kommt es später zu geknickten und gebrochenen Halmen.

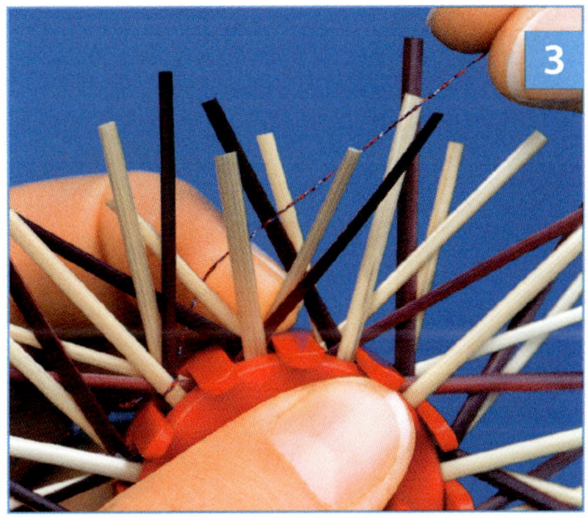

3. Beim Binden drückt nun der Zeigefinger der linken Hand das zu bindende Bündel etwas hoch. Der Faden kann unter dem Bündel hindurchgeführt werden.

Hinweis: Wenn Sie kleine Hände haben, halten Sie die Legeform von oben zwischen Daumen und Mittelfinger fest. Drücken Sie das jeweilige Bündel mit dem Zeigefinger herunter, um den Faden hindurchzuführen.

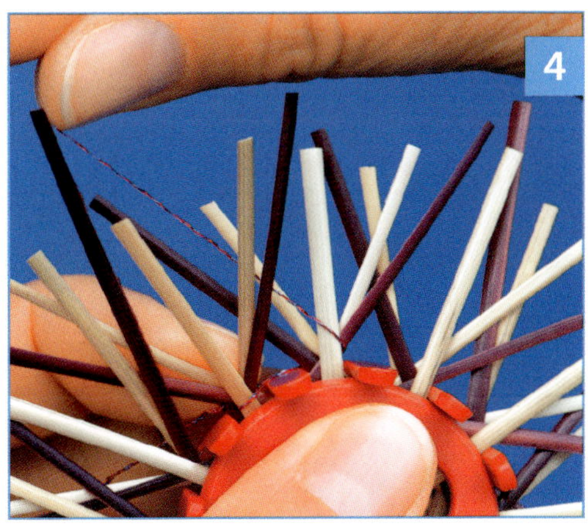

4. Dann wechselt der linke Zeigefinger zu dem Bündel, das links von dem zu bindenden Bündel liegt und drückt dieses etwas hoch. So kann der Faden wieder nach hinten geführt werden.

Mehrfach gelegte Sterne mit der Sticknadel binden

Das Binden mithilfe einer Sticknadel stellt eine alternative Wickeltechnik dar. Diese bietet sich besonders dann an, wenn Sterne aus mehreren Lagen bestehen, die sich stark kreuzen. Hier wird das Kämmen schwierig. Wird mithilfe einer Sticknadel gebunden, muss der Bindefaden vorab auf Länge geschnitten werden – ein Nachteil dieser Technik. Die Technik wird hier am Beispiel des Sterns J2 (siehe Buch S. 22/23) gezeigt. Den Faden auf 110 cm zuschneiden, in eine Stick- oder Smyrna-Nadel einfädeln und festknoten. Die Nadel darf gerne groß und schwer sein.

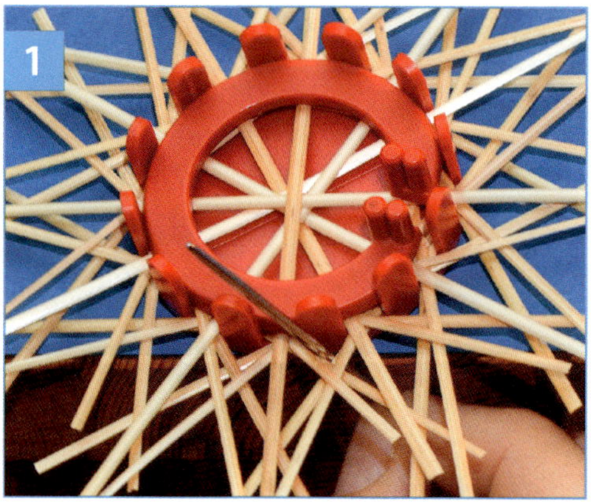

1. Zunächst die Spalthalme laut Legesystematik in die Form einlegen und mit dem Klemmring fixieren. Die Legeform an einer Tischkante platzieren und die Sticknadel zwischen zwei Halmbündeln von unten nach oben durchführen.

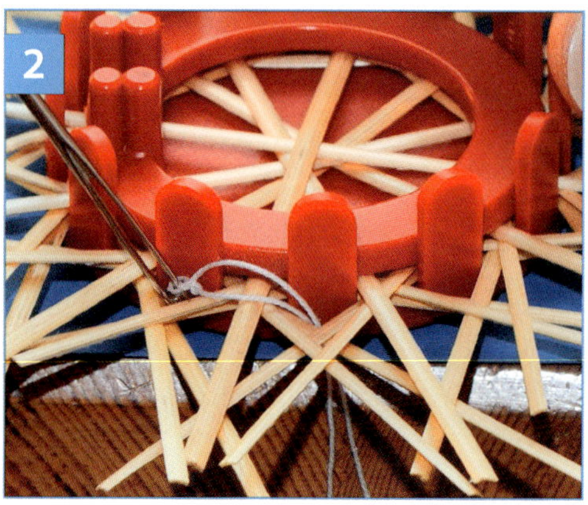

2. Den Faden nicht nach oben durchziehen, sondern die Nadel auf der anderen Seite des Halmbündels – mit dem Nadelöhr voran – sofort wieder nach unten durchschieben. Den Faden bis auf etwa 10 cm durchziehen. Die Legeform umdrehen und den Faden wie gewohnt verknoten (siehe Technikteil Seite 51).

3. Die Legeform wieder wenden. Den Faden nun unter dem nächsten Halmbündel hindurchführen und mit der Nadel nach oben bringen.

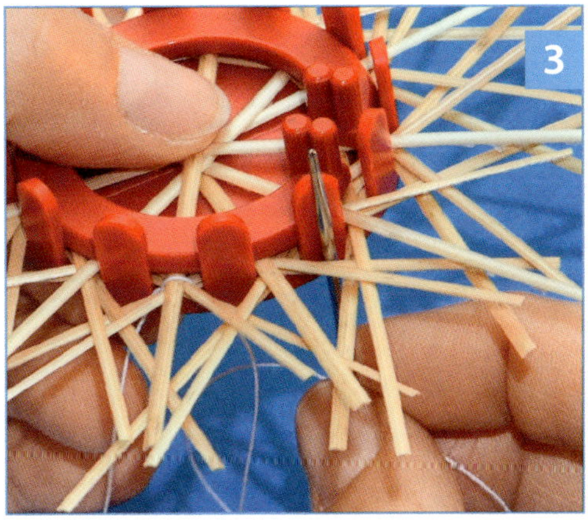

4. Die Nadel sofort wieder sofort mit dem Nadelöhr voran durch die Lücke schieben (siehe Abb. 2). Da der Faden jetzt befestigt ist, kann die Nadel fallen gelassen werden. Den Faden nach unten durchziehen, bis sich eine enge Schlaufe bildet. Darauf achten, dass sich der Faden nicht in der Legeform oder den Halmen verfängt.

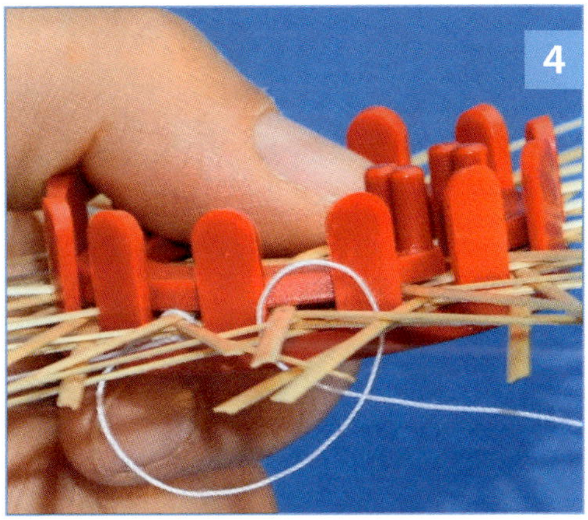

5. Nun den Faden mit der Nadel einmal durch die Schlaufe führen. Je nach Fadenverlauf kann das von vorne nach hinten oder von hinten nach vorne erfolgen! Auf diese Weise entsteht ein Knoten; am besten leicht festziehen. Man kann nun das gleiche Halmbündel ein zweites Mal umwickeln (die Fadenlänge ist hierfür bemessen) oder direkt zum nächsten Halmbündel weitergehen.

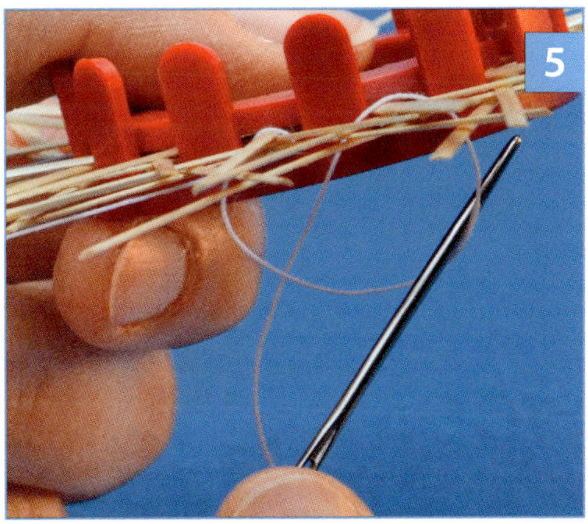

Tipp: Mit etwas Übung können Sie die Legeform beim Binden auch in die Hand nehmen. Der Vorteil: Sie können den Stern etwas neigen, sodass die Schlaufe auf der Unterseite besser zu sehen ist.

Fadenlängen

- kleine 12er-Legeform: bei doppelter Umwicklung 80 cm, bei einfacher Umwicklung 70 cm
- große 12er-Legeform: bei doppelter Umwicklung 110 cm, bei einfacher Umwicklung 100 cm
- 16-Legeform: bei doppelter Umwicklung 130 cm, bei einfacher Umwicklung 115 cm

Übersicht aller Runden in der 12-er Form

	Der erste Spalthalm, große 12er-Legeform	Die ersten zwei Spalthalme, große 12er-Legeform
Über 1	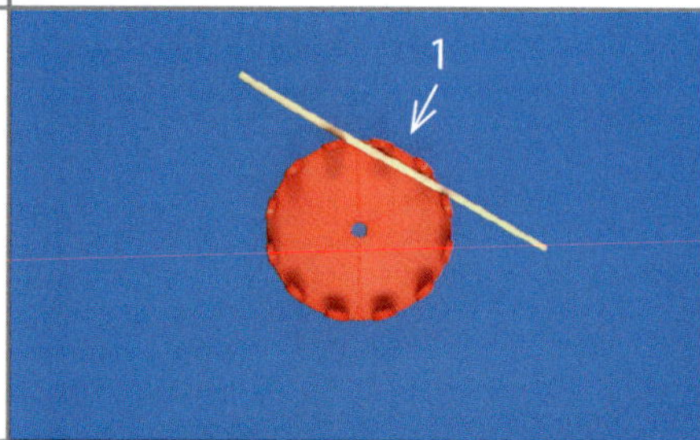	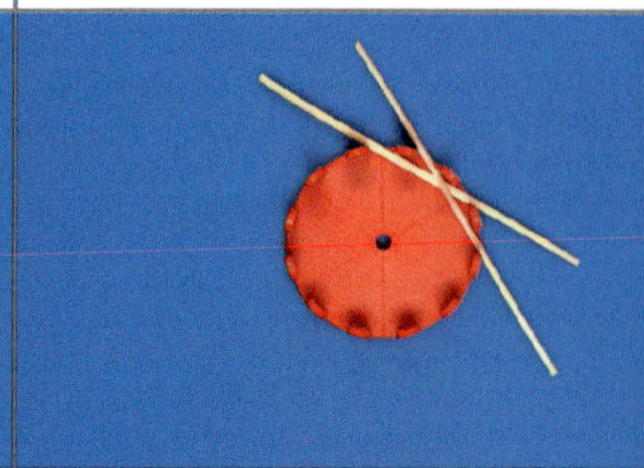
Über 2	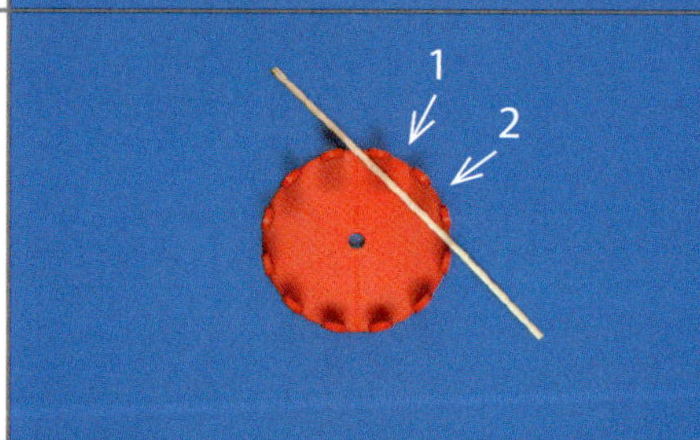	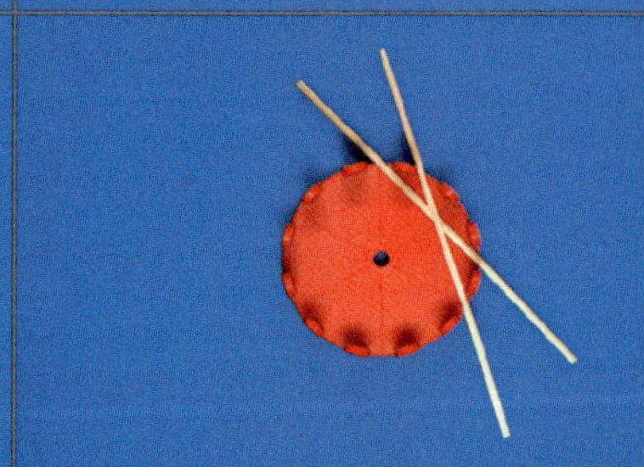
Über 3	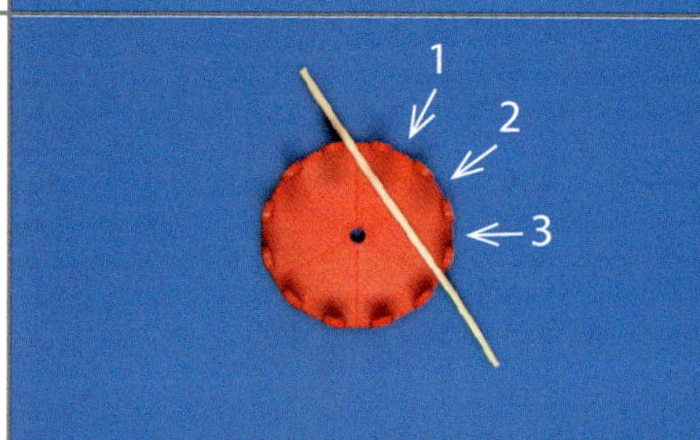	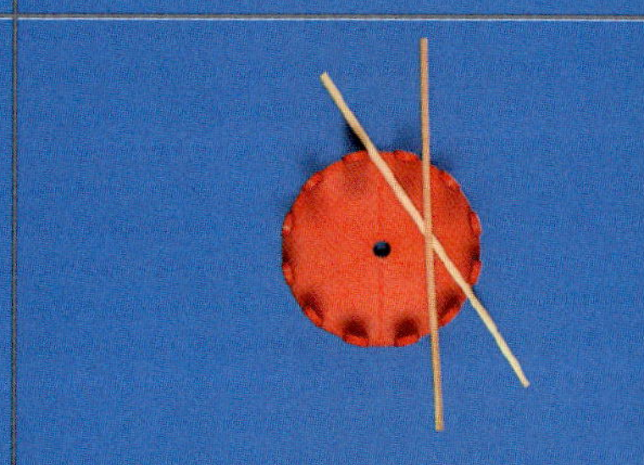
Über 4	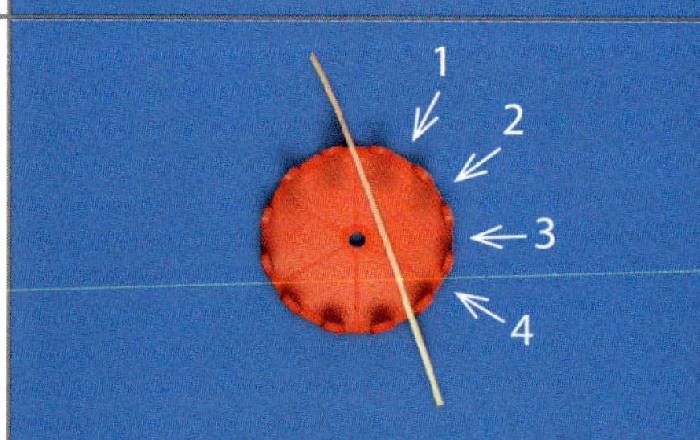	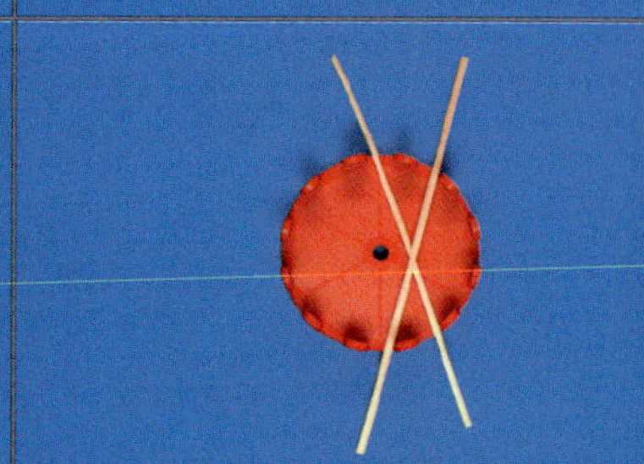
Kreuzhalme	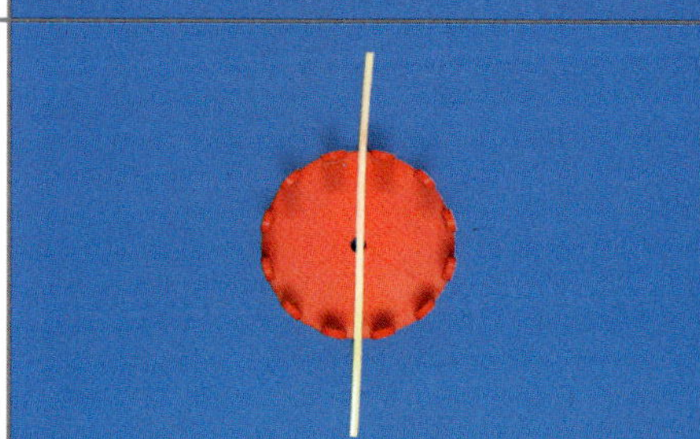	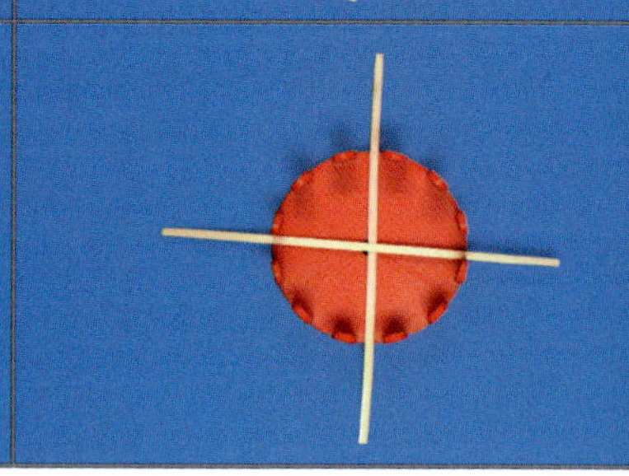

Volle Runde, große 12er-Legeform	Volle Runde, kleine 12er-Legeform
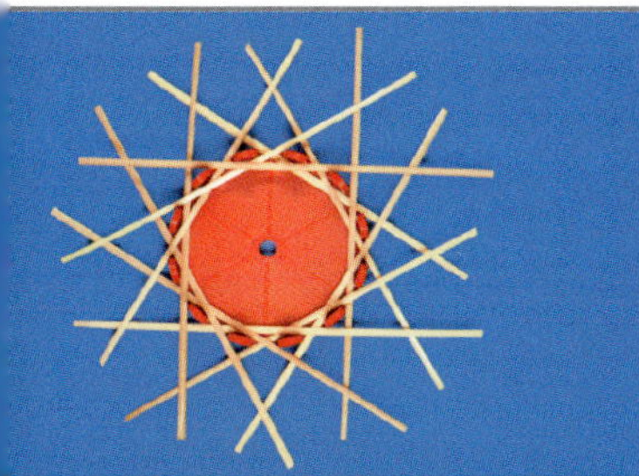	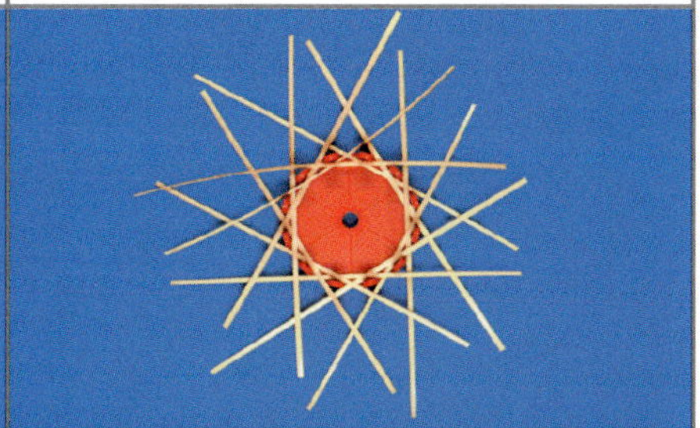
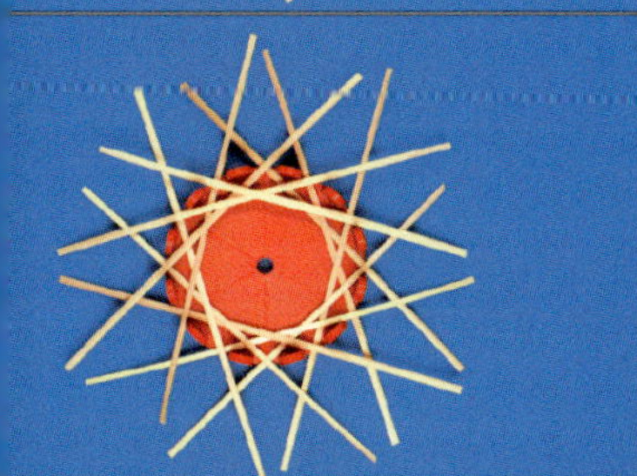	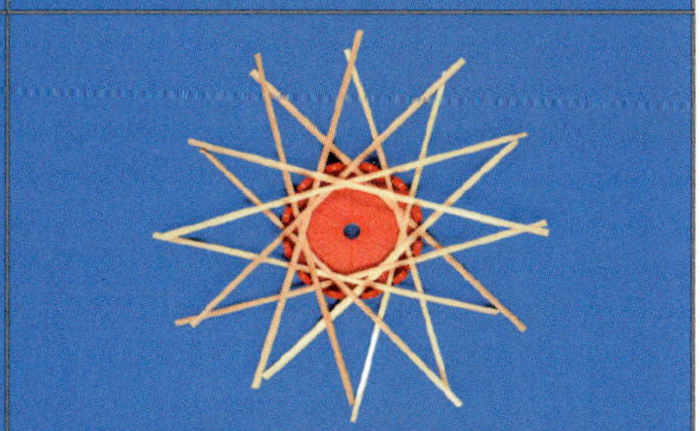
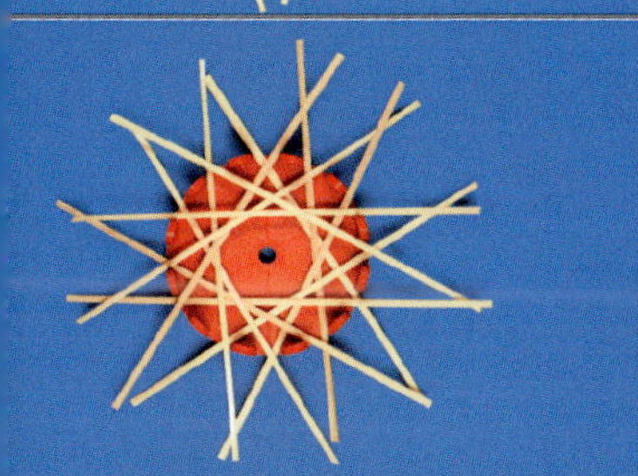	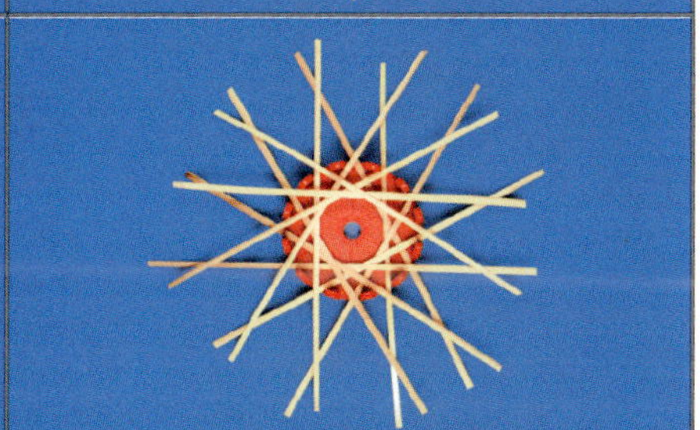
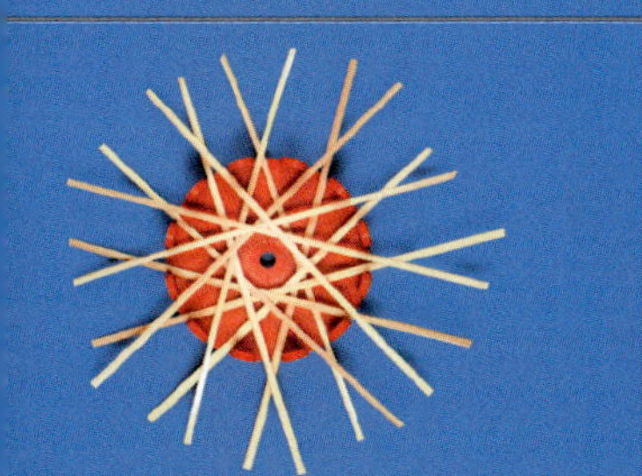	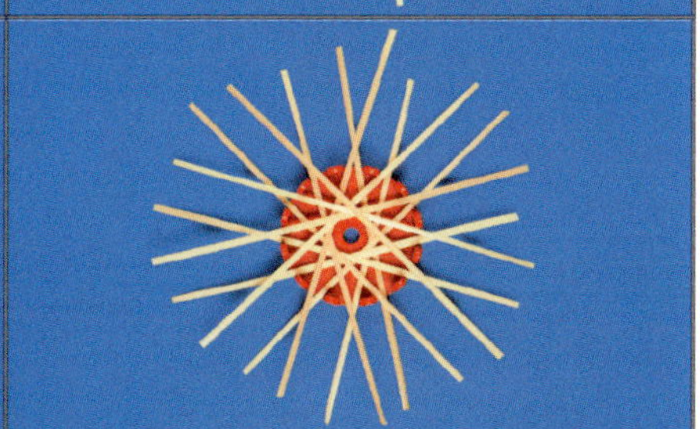
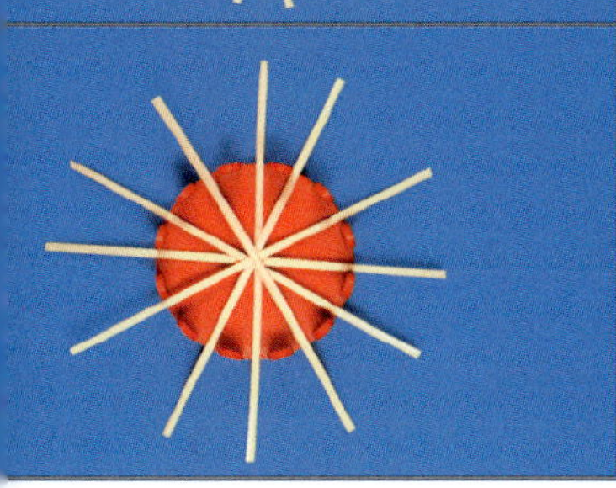	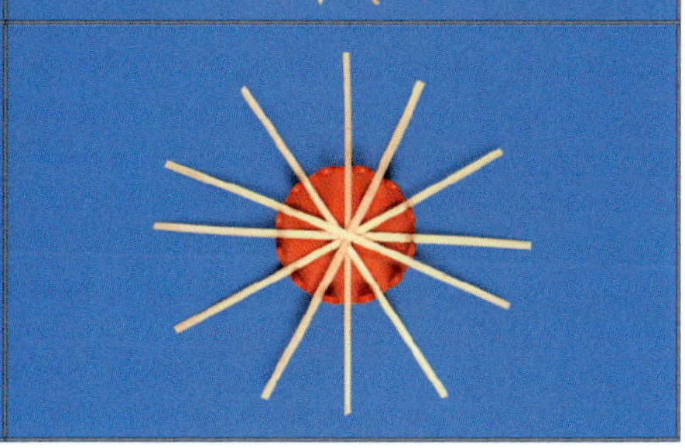

Geschlossene Spitzen perfekt beschneiden – die Spitzen auf Spannung bringen

Wenn zwei Spalthalme, die eine Spitze bilden sollen, sich nicht aneinanderschmiegen, hilft folgender Trick, hier gezeigt am Beispiel von Stern E1 (siehe Seite 14/15).

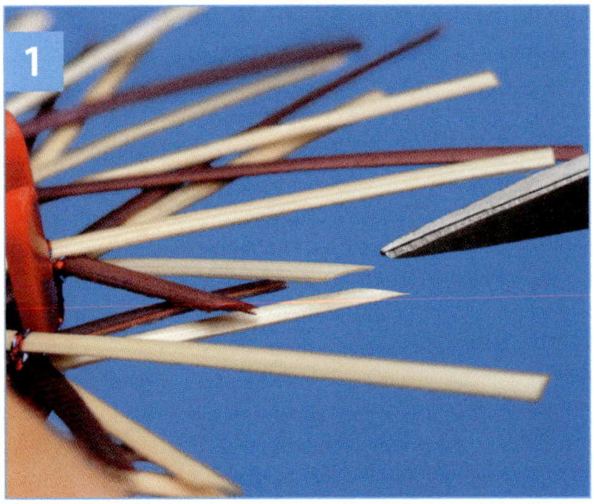

1. Zwei Halme bilden eine Spitze, sie liegen aber nicht sauber aufeinander.

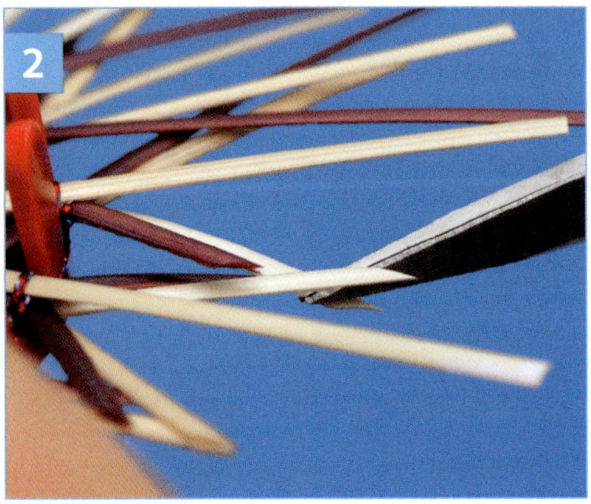

2. Mit der Schere den oben liegenden Halm unter den unteren Halm bringen.

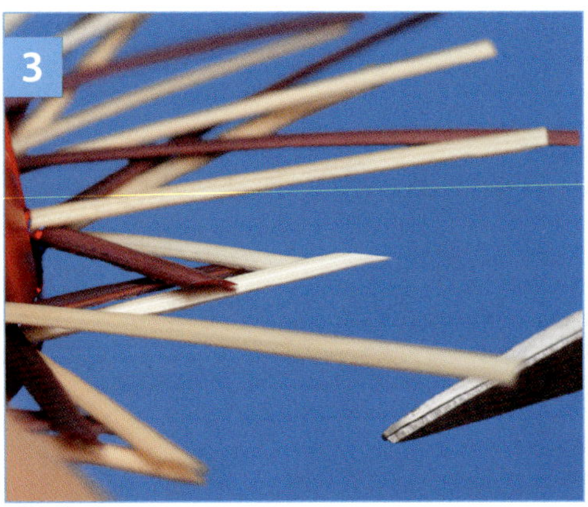

3. Nun stehen die Halme unter Spannung. Klebstoff ist nicht nötig!

Tipp: Am besten die Halme schon vor dem Beschneiden auf Spannung bringen. So wird der Schnitt besonders akkurat.

Geschlossenen Spitzen perfekt beschneiden – konturgebende Spitzen zuletzt beschneiden

Bei Sternen mit geschlossenen Spitzen kann es sein, dass Halme des Sterns einen störenden Druck auf die beiden Halme ausüben, die eine saubere Spitze bilden sollen. Als Beispiel wird hier der Stern J1 gezeigt (siehe Buch Seite 22/23).

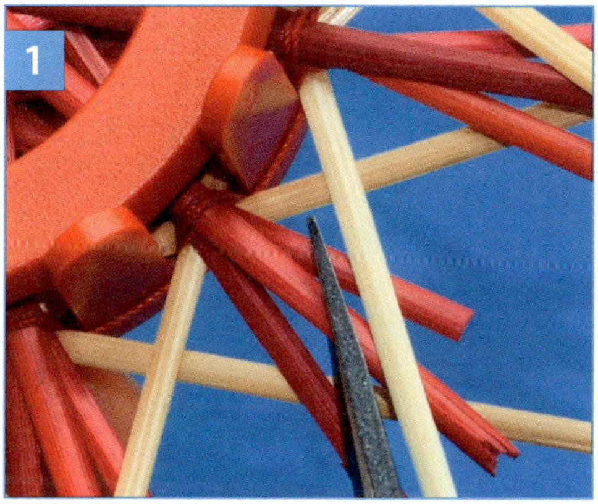

1. Zunächst alle Halme beschneiden, die innerhalb der konturgebenden Spitzen liegen werden.

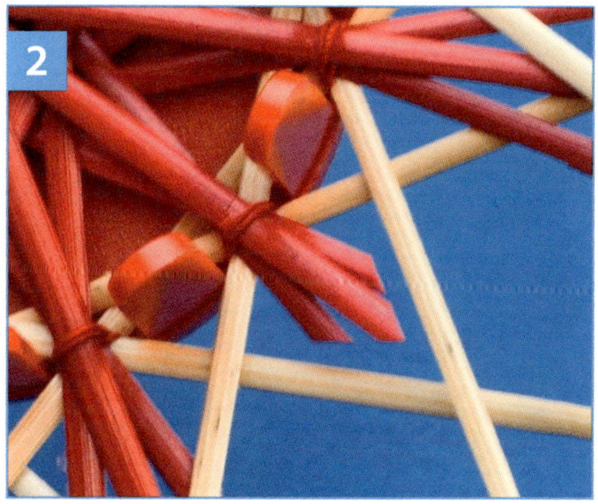

2. Das Ergebnis von Schritt 1.

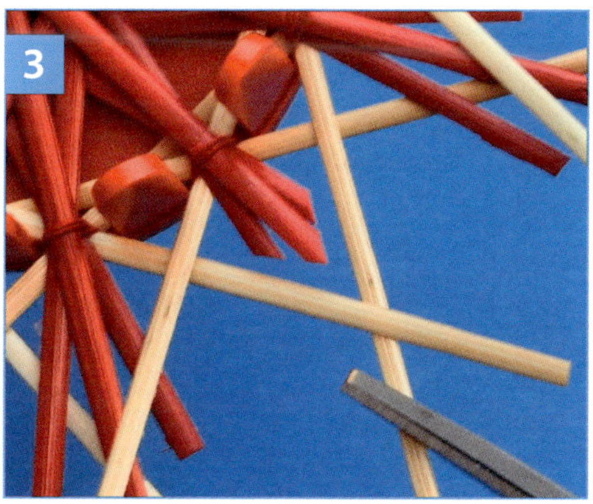

3. Dann die geschlossenen Spitzen auf Spannung bringen und beschneiden.

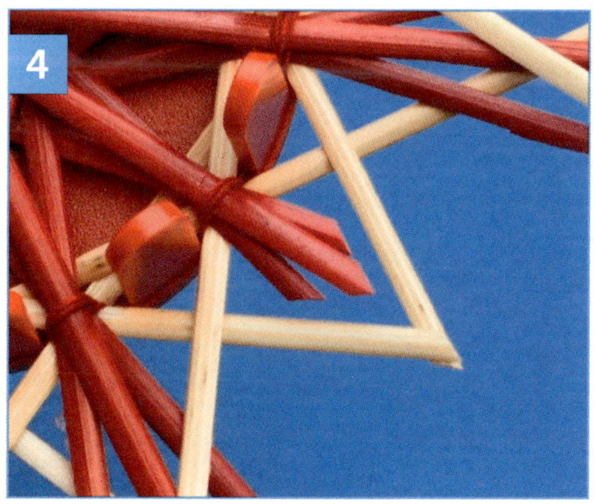

4. Das Ergebnis von Schritt 3.

Die Arbeit mit Schablonen – Kreis, Blüte und Herz

Vorlagen für alle Schablonen finden Sie im Buch auf Seite 78/79. Am Beispiel von Stern L1 (siehe Buch Seite 26/27) wird das Zuschneiden mithilfe einer Kreisschablone dargestellt.

Zunächst laut Anleitung die Spalthalme in die Legeform einlegen, den Stern kämmen und binden. Anschließend die geschlossenen Spitzen beschneiden.

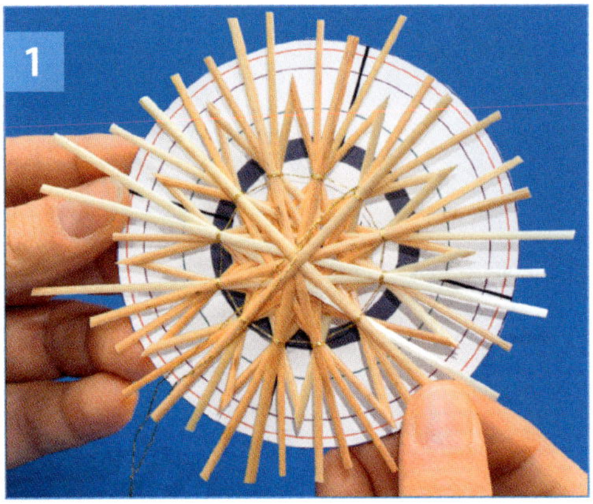

1. Den Stern aus der Legeform nehmen und auf die Kreisschablone (10 cm Ø) legen, dabei sollten zwei Kreuzhalme genau auf den Kreuzlinien der Schablone liegen. Auf diese Weise liegt der Stern exakt auf der Mitte der Schablone. Die aufgezeichneten Kreise bieten zusätzliche Orientierung. Kontrollieren Sie, ob alle Spalthalme bis zur Begrenzung der Schablone heranreichen; eventuell durch Herausziehen ausgleichen.

Tipp: Den Aufhänger zuvor zwischen zwei Halmbündeln hindurchführen und auf die Vorderseite bringen, damit er nicht versehentlich durchgeschnitten wird.

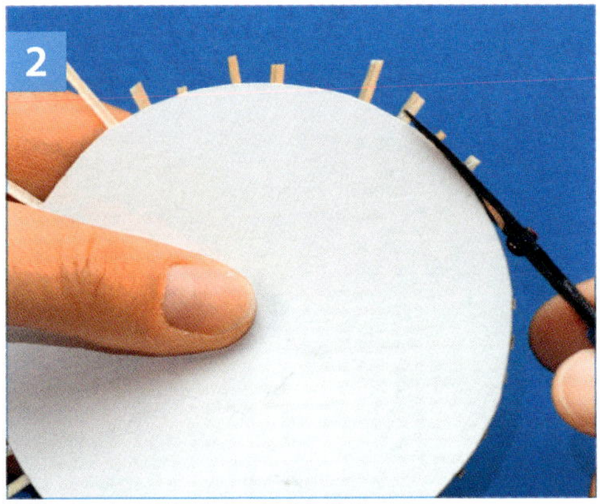

2. Den Stern und die Schablone zusammen wenden, dabei darauf achten, dass nichts verrutscht. Nun an der Kante der Schablone entlangschneiden.

Tipp: Wenn Sie mit Schablonen arbeiten, halten Sie Stern und Schablone beim Beschneiden möglichst immer so, wie in der Abbildung gezeigt. Auch wenn dies auf den ersten Blick umständlich erscheint: Sie können von der Rückseite aus deutlich besser an der Kante der Schablone entlangschneiden als von vorne!

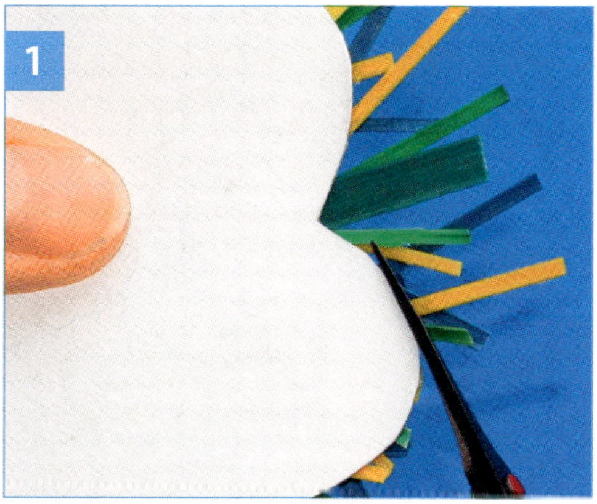

1. Bei der Verwendung einer Blütenschablone schneiden Sie so viel Kontur wie möglich auf die zuvor beschriebene Art und Weise ab.

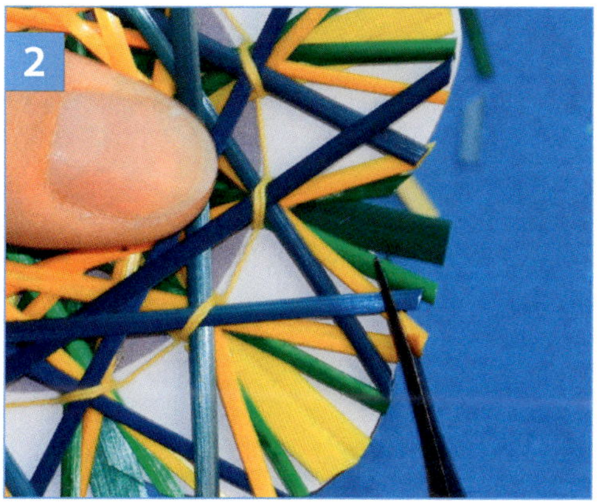

2. Überstehende Ecken, an die Sie nicht gut herankommen, beschneiden Sie anschließend von der Vorderseite aus. Auf den Abbildungen sehen Sie einen in frischen Farben gestalteten Blütenstern, der z. B. in einen Strauß aus Frühlingszweigen gehängt werden kann.

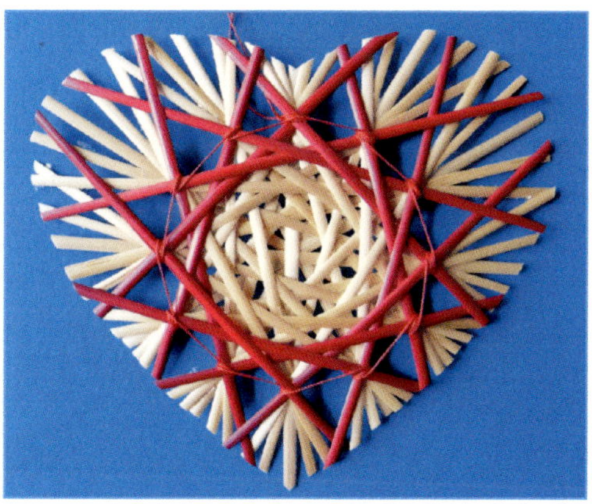

Mithilfe einer Herzschablone können Sie einen Herzstern gestalten (siehe Stern L3, Buch Seite 26/27).

Tipp: Herzen eignen sich gut als Stecker oder als Valentinsherz auf einer Briefkarte.

Die Arbeit mit Schablonen – gleichmäßig lange Kreuzhalme durch Kreisschablonen

Besonders nützlich sind Kreisschablonen auch, um Kreuzhalme gleichmäßig zu beschneiden, insbesondere, wenn diese deutlich länger sind als die Halme der Runden. Am Beispiel von Stern G3 (siehe Buch Seite 18/19) wird diese Technik hier vorgestellt: Die Spalthalme laut Anleitung in die Legeform legen und den Stern binden. Zunächst die geschlossenen Spitzen beschneiden. Nun den Stern aus der Legeform nehmen und auf der Kreisschablone (10 cm Ø) platzieren.

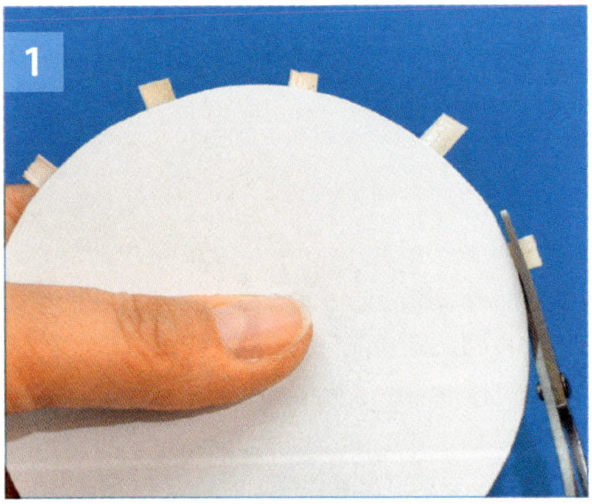

1. Die Schablone und den Stern zusammen umdrehen und die breiten Halmenden einkürzen. Nun sind die Halme exakt gleich lang.

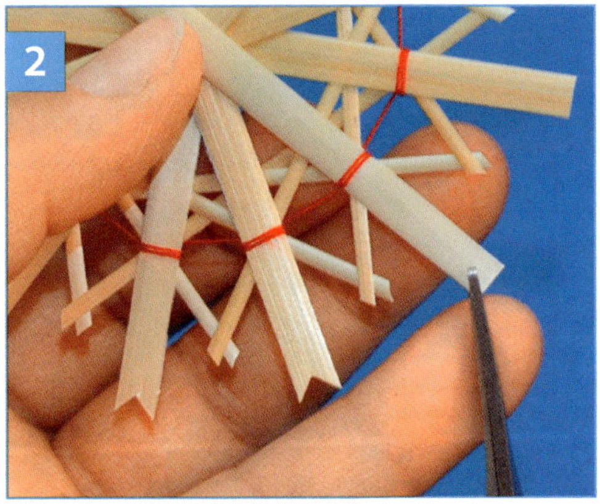

2. Zuletzt die Halmenden mit einer scharfen spitzen Schere einschneiden.

Sterne ohne geschlossene Spitzen, z. B. der Stern N1 (siehe Buch Seite 30/31), lassen sich sehr gut nach Augenmaß beschneiden. Perfektionisten können aber auch hier die Kreisschablone einsetzen: Den Stern nach dem Abbinden aus der Legeform nehmen und mithilfe einer Schablone (10 cm Ø) kreisförmig beschneiden. Nun haben alle Kreuzhalme exakt die gleiche Länge, und alle Bündel können sehr gleichmäßig beschnitten werden.

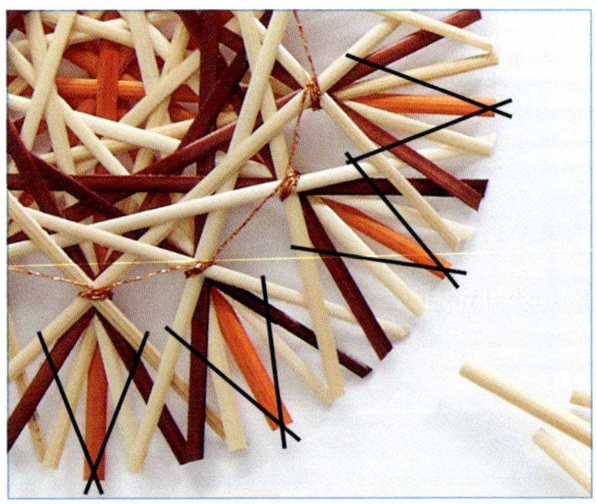

Hinten liegende Kreuzhalme

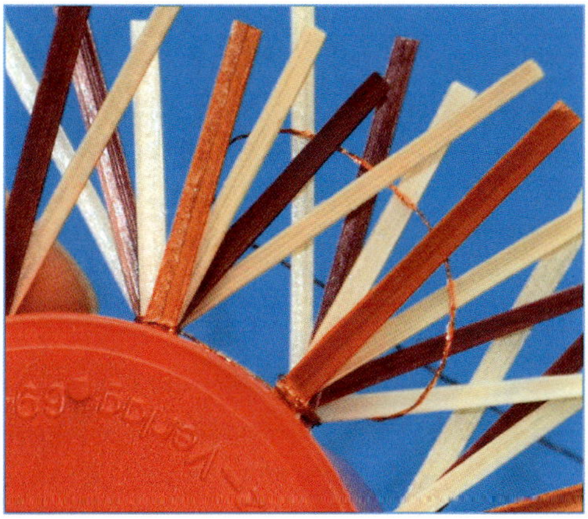

Bei den Sternen, die bei den Grundtechniken dargestellt sind, werden die Kreuzhalme **zuletzt** in die Legeform gelegt; sie liegen also obenauf. Natürlich können die Kreuzhalme auch **zuerst** eingelegt werden. Vor dem Binden muss der Stern dann umgedreht werden, damit er von der Rückseite aus gebunden werden kann. Dies ist hier am Beispiel von Stern N1 dargestellt. Achten Sie darauf, dass sich der Faden beim Binden nicht in der Legeform verfängt.

Grundsätzlich kann jeder in diesem Buch abgebildete Stern mit hinten liegenden Kreuzhalmen gearbeitet werden. Probieren Sie einfach unterschiedliche Reihenfolgen der Lagen aus (siehe auch den Vergleich der zwei Herzen; Buch Seite 26/27).

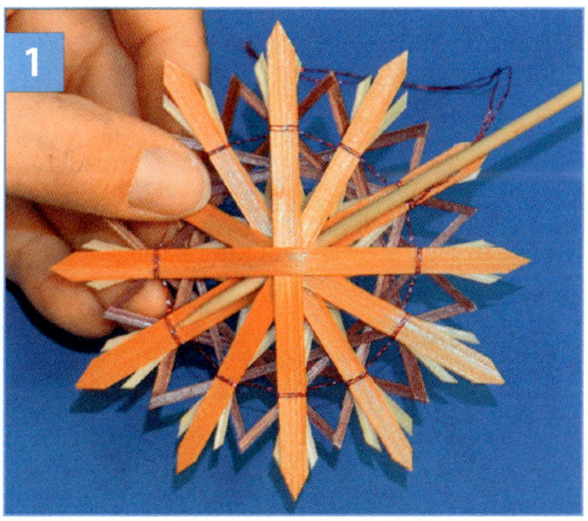

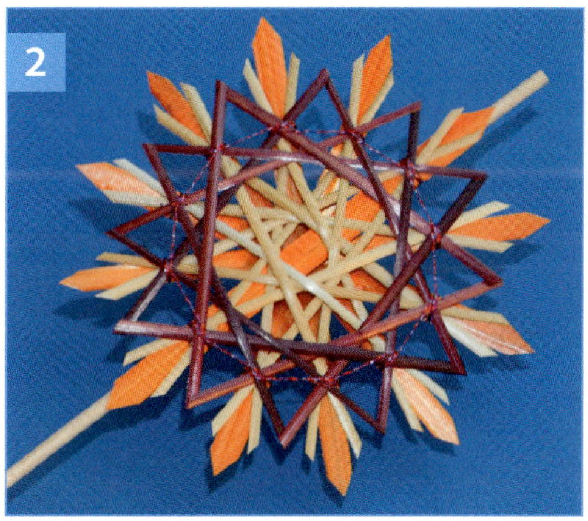

Kreuzhalme aus extrabreitem, gebügeltem Stroh machen sich besonders gut in der hinteren Position. So gearbeitete Sterne lassen sich besonders gut zu Steckern verarbeiten.

1. Einen dünnen Holzstab so zwischen die Halme schieben und einklemmen, …

2. … dass er – von der Vorderseite aus betrachtet – hinter einem der Kreuzhalme verschwindet. Der Stab muss nicht zusätzlich mit Klebstoff fixiert werden.

Tipp: Mit farbig gestalteten Sternen-Steckern können das ganze Jahr über Topfpflanzen, Gestecke und Sträuße dekoriert werden.

Perlen einarbeiten

Die Technik wird hier am Beispiel von Stern O2 (im Buch auf Seite 32/33) vorgestellt. Zunächst den Stern mit hinten liegenden Kreuzhalmen legen und eventuell kämmen. Einen Faden zuschneiden und den ersten Knoten setzen. Das andere Fadenende in eine Nähnadel einfädeln; diese muss so dünn sein, dass sie durch alle Löcher der Perlen passt.

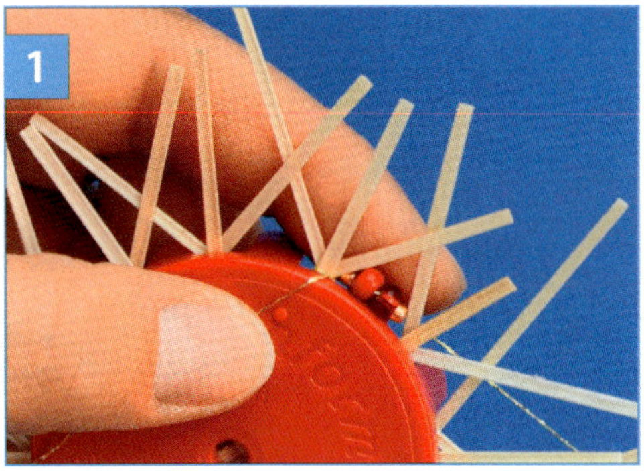

1. Die ersten Perlen auffädeln und das nächste Halmbündel (von der Rückseite aus) binden.

Tipp: Achten Sie darauf, nicht zu viele Perlen zwischen den Bindungen aufzufädeln. Die Perlen müssen zwischen (!) die Halmbündel passen.

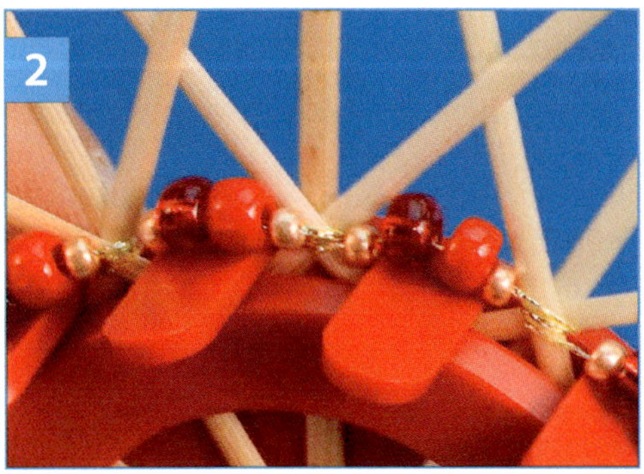

2. So fortfahren, bis der ganze Stern gebunden ist. Zuletzt einen Abschlussknoten binden. Den Stern aus der Legeform nehmen; der Faden mit den Perlen wird noch etwas lose sein, denn der Stern kann nicht so fest gebunden werden wie ein normaler Stern, da der Faden nicht eng an der Legeform entlanggeführt werden kann.

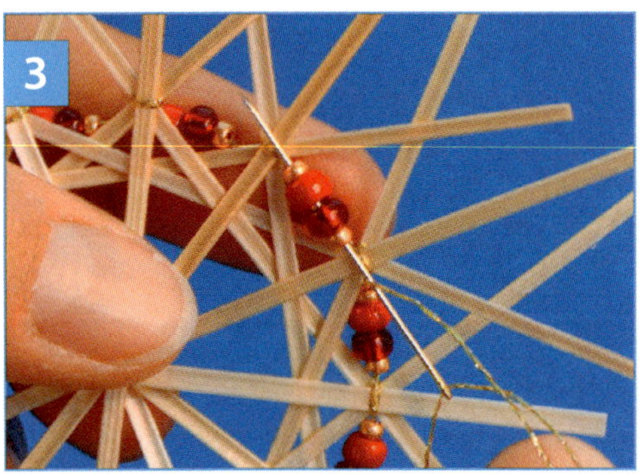

3. Deshalb auf der Rückseite des Sterns noch einmal mit der Nadel durch alle Perlen fahren. So werden die Perlen zwischen den Halmbündeln fixiert – der Stern wird stabiler. Erneut einen Abschlussknoten binden und den Faden zu einem Anhänger verknoten. Zuletzt den Stern beschneiden.

Papier einarbeiten

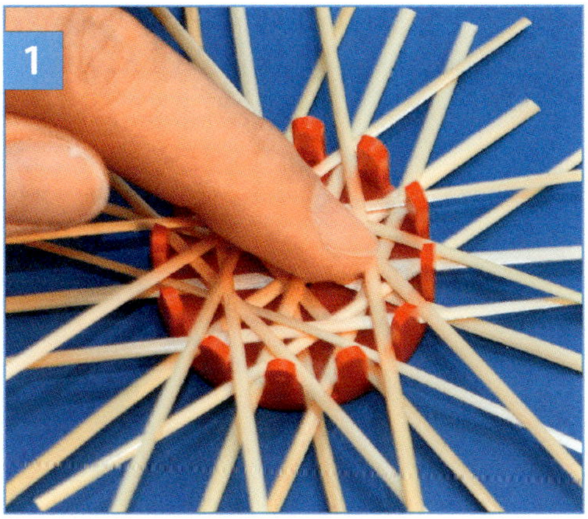

1. Je Stern zwei passende Papierkreise zuschneiden (Vorlage siehe Technikteil Seite 75). Zunächst die Kreuzhalme und eine weitere Runde Spalthalme in die Legeform einlegen.

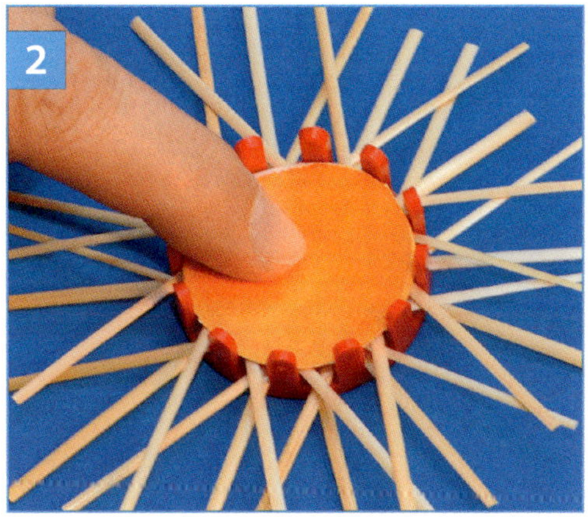

2. Die beiden Papierscheiben mit den farbigen Seiten nach außen aufeinanderlegen und auf den bereits eingelegten Halmen platzieren. Eine farbige Seite wird später von vorne, die andere von hinten zu sehen sein

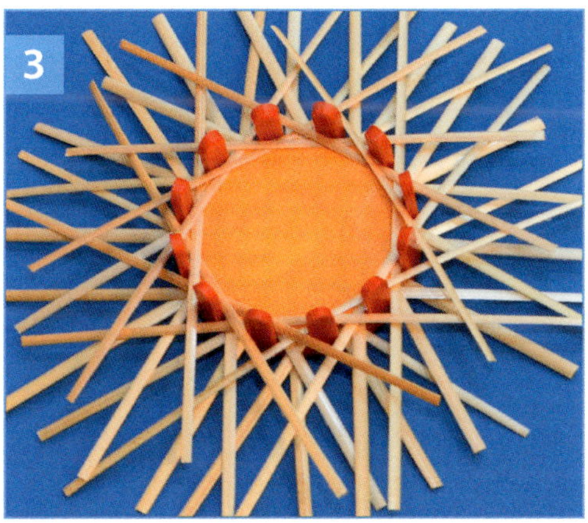

3. Je nach Legesystematik mindestens eine weitere Runde Spalthalme „über 2" und/oder „über 1" einlegen, damit die Kante der Papierscheibe von Halmen abgedeckt wird. Stern von hinten binden (siehe Technikteil Seite 69).

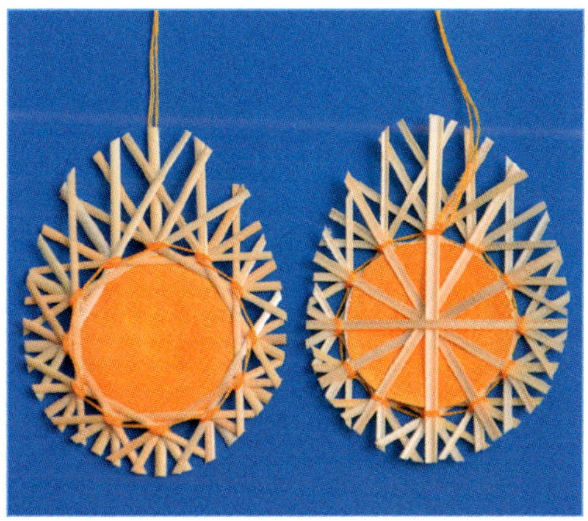

Auf dieser Abbildung sehen Sie zwei Sterne, die mithilfe einer Ei-Schablone beschnitten worden sind; Ansicht von vorne und von hinten.

Extrabreites Stroh anfertigen und verarbeiten

Extrabreites, gebügeltes Stroh ist im Fachhandel in verschiedenen Farben erhältlich. Es kann aber auch selbst hergestellt werden: Einfach die Strohhalme in Wasser einweichen, danach mit einem Cutter oder einem kleinen Trennmesser aufschlitzen. Anschließend den Halm aufbiegen und zwischen zwei Geschirrtüchern platt bügeln. Achtung: Bunte Halme färben ab.

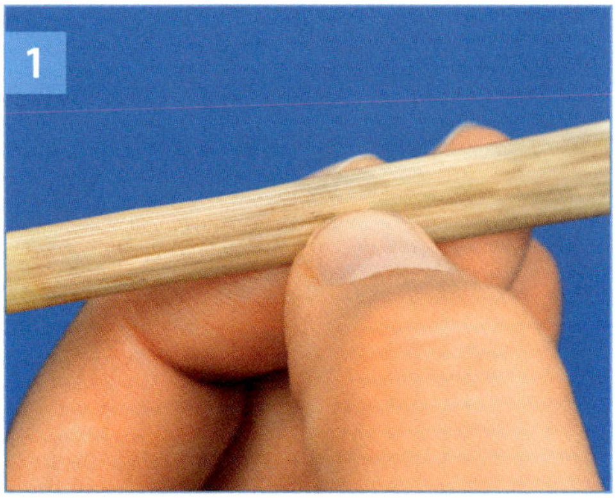

1. Extrabreites gebügeltes Stroh weist oft kleine Risse auf. An diesen Rissen entlang die Halme mit dem Daumennagel spalten. Auf diese Weise entstehen unterschiedlich breite Halme, die weiterverarbeitet werden können.

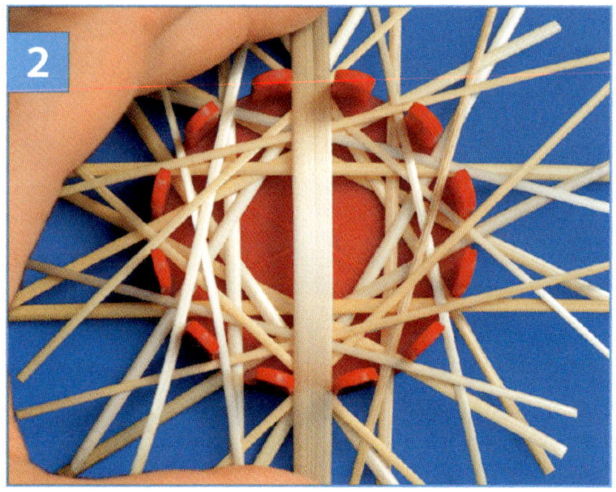

2. Halme mit einer Breite von bis zu 6 mm können als Kreuzhalme in die Legeformen (die in diesem Buch gezeigt werden) eingelegt werden. Es lohnt sich, Halme mit einer möglichst einheitlichen Breite auszuwählen.

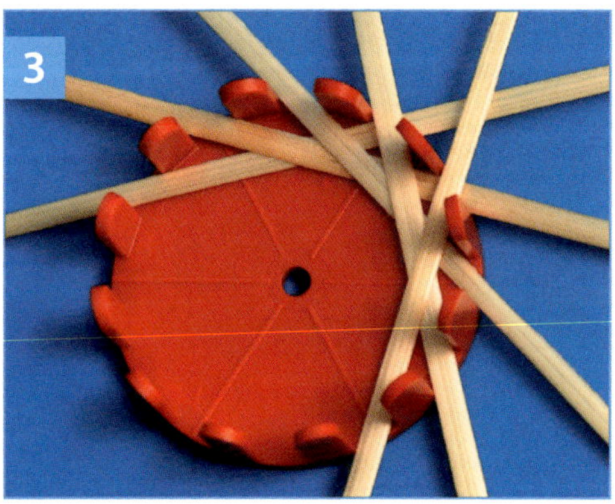

3. Gebügelte Halme, die für normale Runden verwendet werden, sollten etwas schmaler sein als die Kreuzhalme.

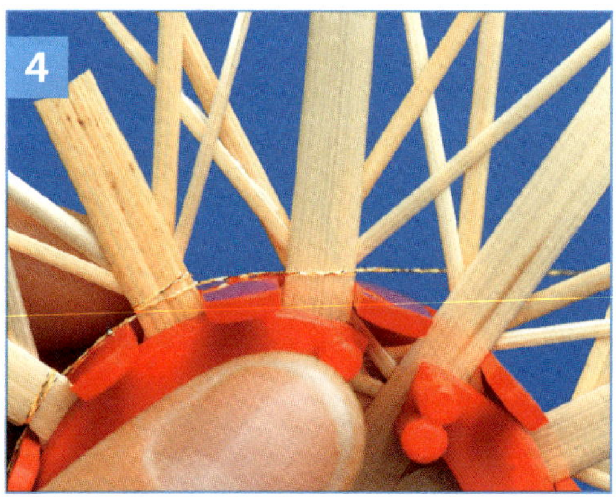

4. Beim Binden die Halmbündel wie gewohnt umwickeln.

Sterne aus der 16er-Legeform

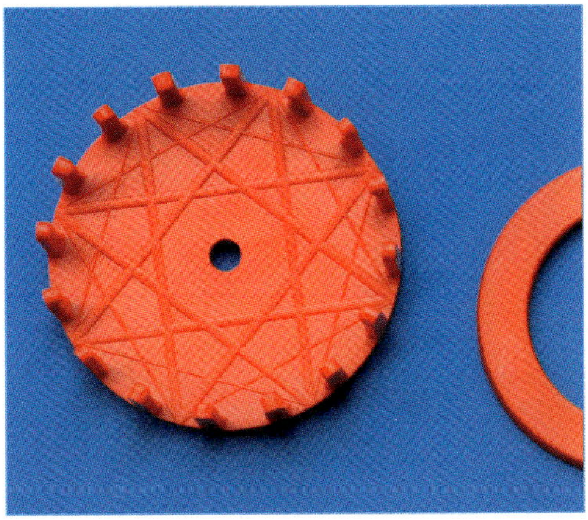

Die 16er-Legeform hat 16 Aussparungen; man kann damit Sterne mit bis zu 16 Halmbündeln und/oder 16 Zacken herstellen. Das Einlegen der Halme erfolgt genauso, wie bei der 12er-Legeform beschrieben (siehe Technikteil Seite 49).

In der Legeform sind Hilfslinien eingeprägt: Die weiter außen verlaufenden dünnen Linien markieren die Runde „über 3". Die weiter innen verlaufenden dickeren markieren die Runde „über 5".

8er-Sterne

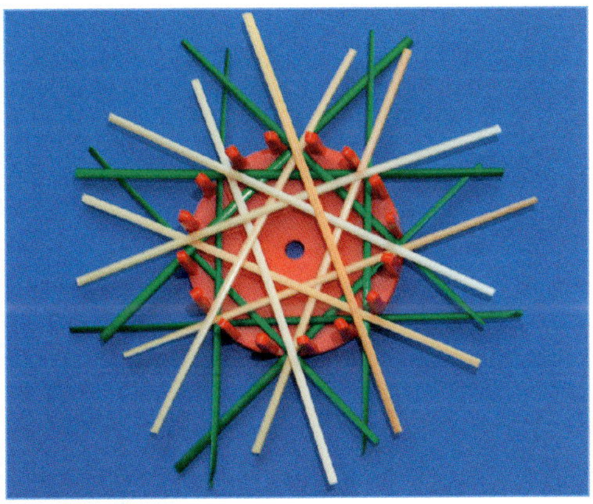

In der 16er-Legeform sind nur jeweils acht Hilfslinien markiert, also jede zweite mögliche Legeposition wird ausgelassen. Legt man Spalthalme nur auf die abgebildeten Hilfslinien, entsteht ein 8er-Stern, hier am Beispiel von Stern S1 (siehe Buch Seite 40/41). Die hellgrünen Spalthalme liegen auf der Position „über 3", die naturfarbenen Halme auf der Position „über 5". Nun müssen nur noch die Kreuzhalme ergänzt werden, anschließend den Stern binden und beschneiden.

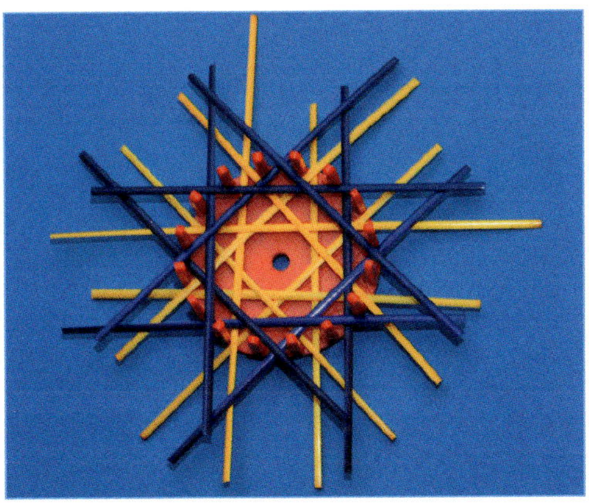

Beim Stern T1 (siehe Buch Seite 42/43) werden ebenfalls nur zwei Runden mit jeweils acht Halmen eingelegt. In der ersten Runde gelbe Halme „über 5" auf den Hilfslinien einlegen. In der zweiten Runde blaue Halme „über 3" eingelegen, jedoch nicht auf den Hilfslinien sondern um eine Lücke versetzt, also parallel zu den gelben Halmen. Nach diesem Arbeitsschritt sind alle Aussparungen abwechselnd mit gelben und blauen Halmen bestückt. Anschließend die Kreuzhalme ergänzen, den Stern binden und beschneiden.

16er-Sterne

Es gibt verschiedene Möglichkeiten, 16er-Sterne anzufertigen: Man kann zwei Lagen mit jeweils acht Spalthalmen versetzt in die Form einlegen (siehe Technikteil Seite 73; Beispiel: Stern T1). Natürlich können auch in jeder Runde 16 Spalthalme eingelegt werden, siehe hierzu die Sterne U1, U2 und U3 (Buch Seite 44/45).

Außerdem ist es möglich, beide Verfahren miteinander zu kombinieren, also teilweise vollständige Runden mit 16 Spalthalmen und zusätzlich Runden mit nur acht Spalthalmen zu legen (Beispiele: Stern T2 und Stern T3; siehe Buch Seite 42/43).

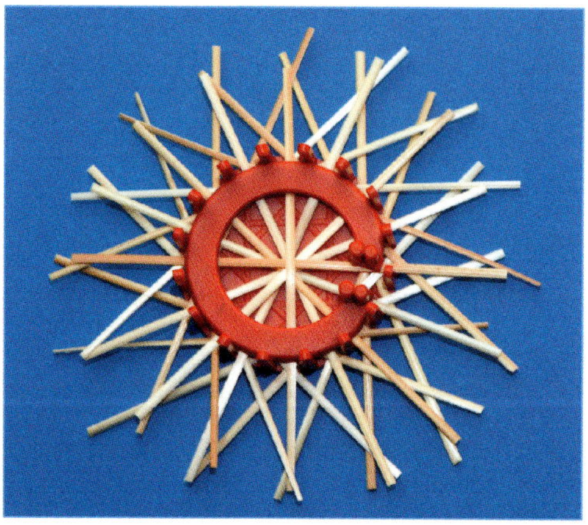

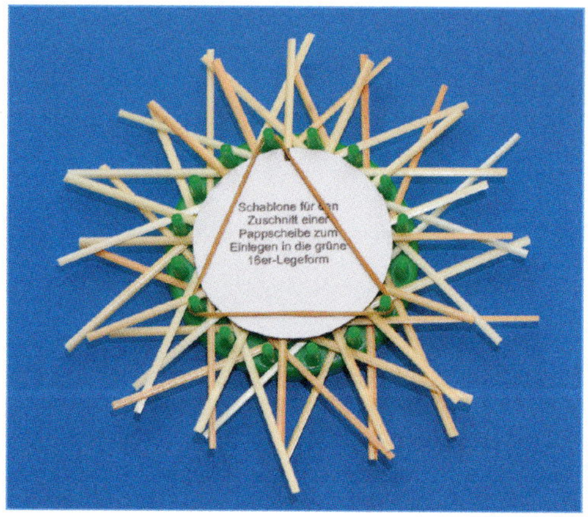

Die hier vorgestellte rote 16er-Legeform hat einen Durchmesser von 5,5 cm. Sie ist mit hohen „Staken" und einem gut sitzenden Klemmring ausgestattet, der auf verschiedenen Höhen einrastet, je nachdem, wie viel Stroh eingelegt wurde. So können besonders viele Halme, die bei 16er-Sternen schnell zusammenkommen, sicher fixiert werden.

Es gibt auf dem Markt eine weitere, grüne 16er-Legeform mit einem Durchmesser von 6,5 cm.

Tipp: Falls der Klemmring nicht richtig funktioniert, ist es empfehlenswert, eine Schablone anzufertigen (siehe rechte Seite), in die Form einzulegen und sie dann mit einem Gummiband zu fixieren.

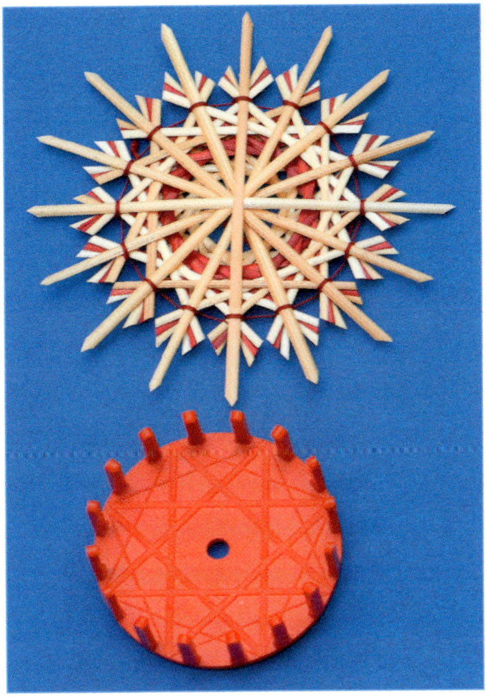

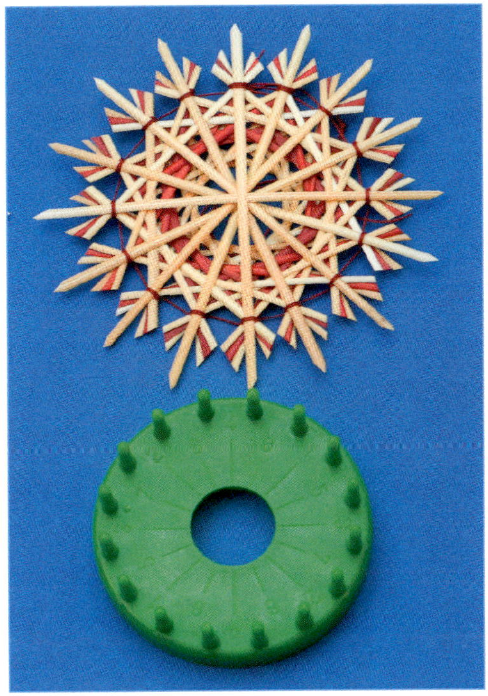

Vorteil der roten Legeform: Die Form lässt sich leichter handhaben als die grüne Form.
Auf den Abbildungen sehen Sie zwei Varianten des Sterns U3: die linke Variante ist in der roten Form angefertigt worden, die rechte in der grünen Form.

Vorteil der grünen Legeform: Der Durchmesser ist etwas größer als bei der roten Form. Hierdurch liegen bei komplexen Sternen die Halme in der Mitte nicht so dicht gedrängt; auch im äußeren Bereich ist mehr Platz vorhanden für das Beschneiden des Sterns.

Schablone für den Zuschnitt einer Pappscheibe zum Einlegen in die grüne 16er-Legeform, 5,1 cm Ø

Schablone für den Zuschnitt von Papierkreisen zum Einlegen in die großen Legeformen, 4,9 cm Ø

Schablone für den Zuschnitt von Papierkreisen zum Einlegen in die kleinen Legeformen 3,6 cm Ø

Beschnitthilfen zu den Sternen P1–P3 (Seite 34/35 im Buch)

Stern P1

Den Stern mithilfe einer Kreisschablone (10 cm Ø) kreisförmig zuschneiden (siehe Technikteil Seite 66 und Vorlagen Seite 78)

Stern P2

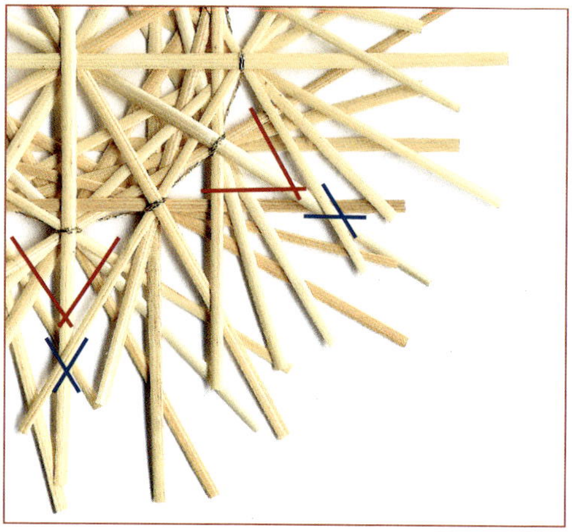

— Beschnitt erster Durchgang
— Beschnitt zweiter Durchgang

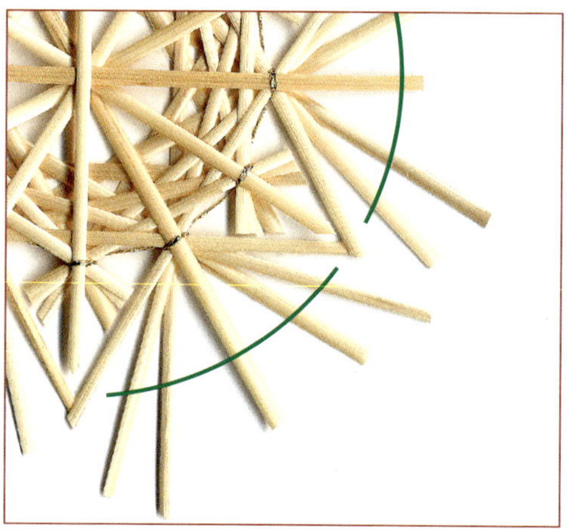

— Beschnitt dritter Durchgang
(mit der Kreisschablone, 8,6 cm Ø)

Stern P3

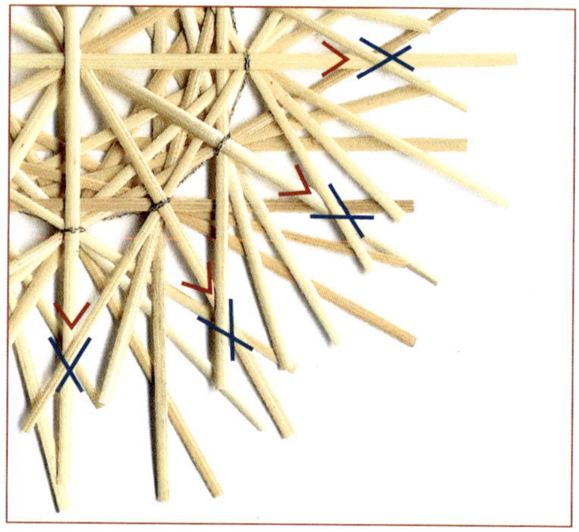

— Beschnitt erster Durchgang
— Beschnitt zweiter Durchgang

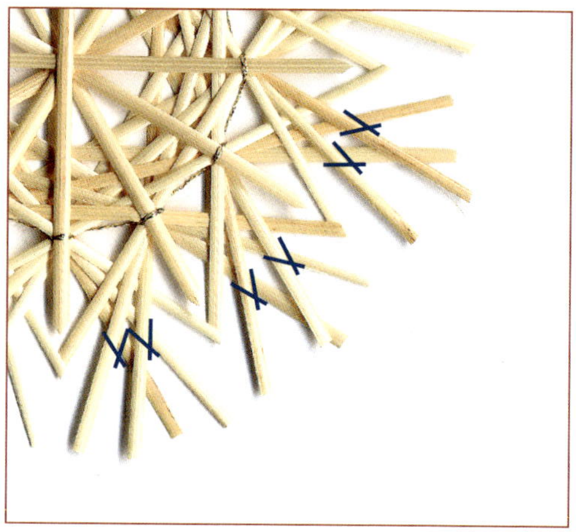

— Beschnitt dritter Durchgang

Ebenfalls erhältlich ...

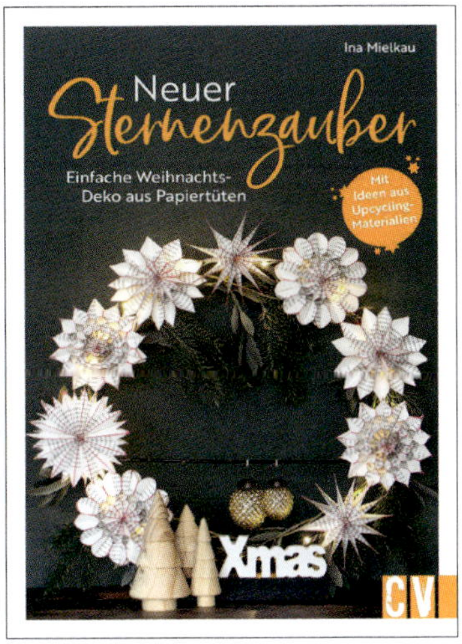

ISBN 978-3-8388-3974-5

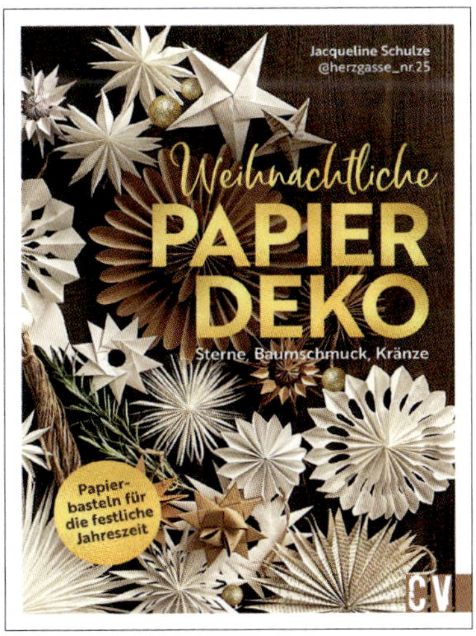

ISBN 978-3-8388-3943-1

Vorlagen

Die Schablonen kopieren, grob ausschneiden und auf festen Karton kleben; anschließend exakt zuschneiden.

10,0 cm Ø
8,6 cm Ø
6,6 cm Ø

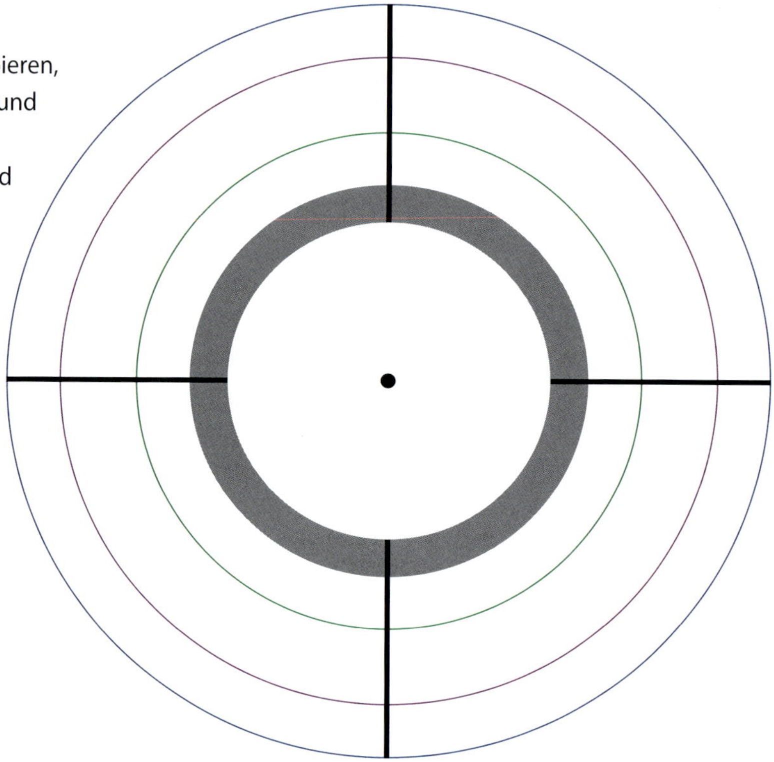

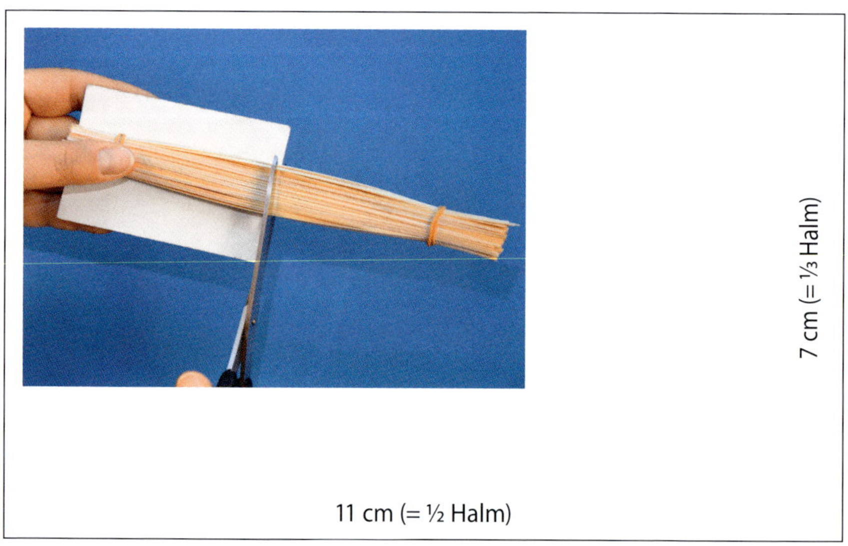

Schablone für das Halbieren bzw. Dritteln der Halme

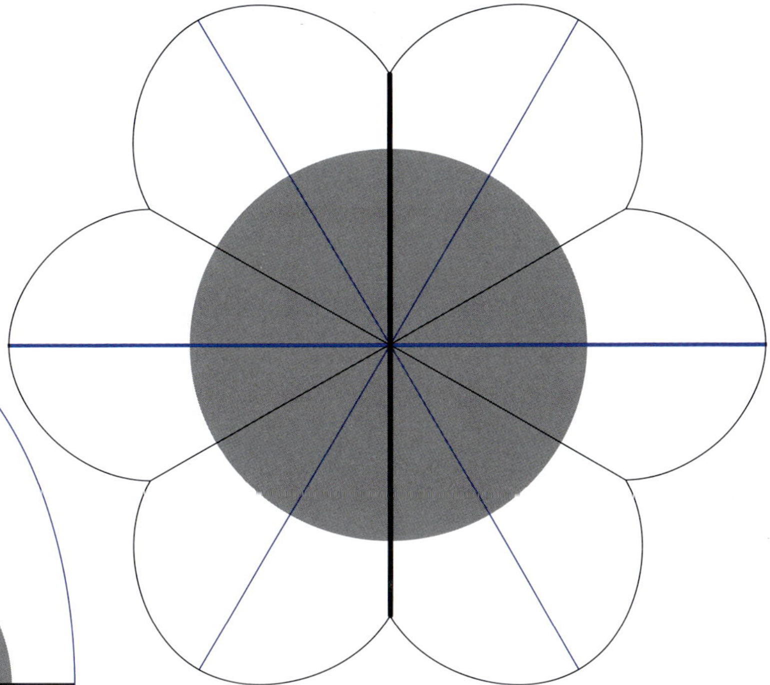

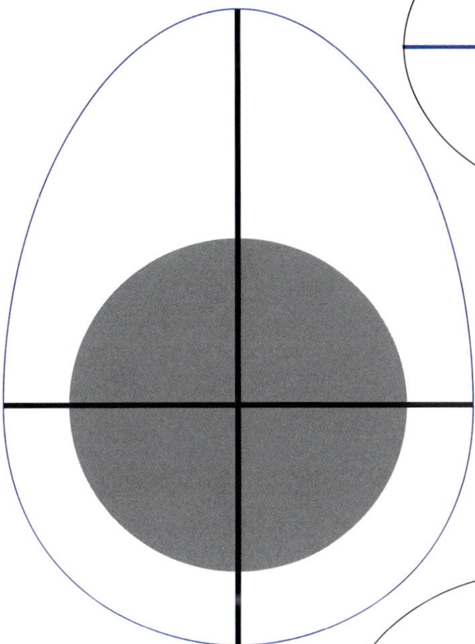

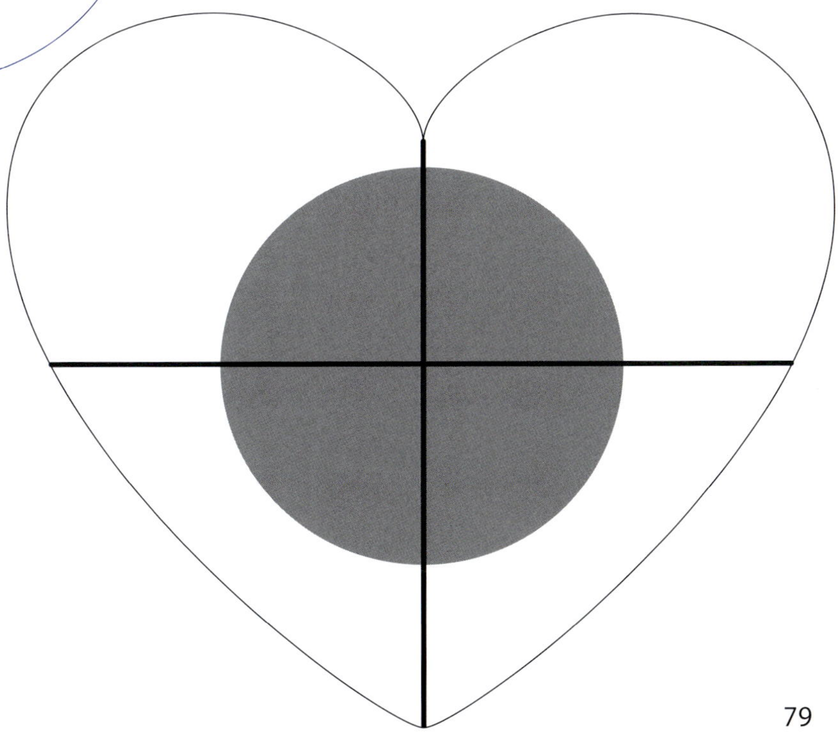

Impressum

Autorin: Henrike Bratz
Fotos & Styling: Roland Krieg
Arbeitsfotos: Klaus Bratz, Ilse Marie Stender
Portraitfoto Autorin: Marcus Dewanger
Produktmanagment & Redaktion: Maria Möllenkamp
Lektorat: Uta Koßmagk
Covergestaltung: GrafikwerkFreiburg
Satz: GrafikwerkFreiburg
Repro: LUDWIG:media GmbH
Printed in Slovenia by Florjancic Tisk

★★★★★

Sind Sie mit diesem Titel zufrieden? Dann würden wir uns über Ihre Weiterempfehlung freuen. Erzählen Sie es im Freundeskreis, berichten Sie Ihrem Buchhändler oder bewerten Sie beim Onlinekauf. Und wenn Sie Kritik, Korrekturen, Aktualisierungen haben, freuen wir uns über Ihre Nachricht an Christian Verlag, Postfach 40 02 09, D-80702 München oder per E-Mail an lektorat@verlagshaus.de.

Unser komplettes Programm finden Sie unter

www.christophorus-verlag.de

Bei Fragen zu Material und Techniken können Sie sich auch direkt an die Autorin wenden:
www.strohsterne-bratz.de

Herstellerverzeichnis

Andreas Dietz Bastelverlag
Coats GmbH
efco creative GmbH
Folia Max Brinkmann KG
Gütermann GmbH
Rayher Hobby GmbH

Hinweis zu Seite 36/37
Das bei den Sternen Q1 und Q2 abgebildete Muster heißt „Holly" (Stechpalme) und stammt von Linda Dawson. Dieses Muster ist ursprünglich im Kontext mit Zentangle® entstanden, einer meditativen Maltechnik. Eine Schritt-für-Schritt-Anleitung für dieses und viele andere Muster erhalten Sie unter www.musterquelle.de.

In diesem Buch wird aus Gründen der besseren Lesbarkeit das generische Maskulinum verwendet. Weibliche und andere Geschlechteridentitäten werden dabei ausdrücklich mitgemeint, soweit es für die Aussage erforderlich ist.

Die Deutsche Nationalbibliothek verzeichnet diese Publikation in der Deutschen Nationalbibliografie; detaillierte bibliografische Daten sind im Internet über http://dnb.d-nb.de abrufbar.

8. Auflage 2026

ISBN 978-3-8388-3693-5

Kreativ-Service

Sie haben Fragen zu unseren Büchern und Materialien? Wir beraten Sie gern rund um alle Kreativthemen. Rufen Sie uns einfach an. Wir interessieren uns auch für Ihre eigenen Ideen und Anregungen.
Sie erreichen uns per E-Mail: **kreativ-service@c-verlag.de** oder Telefonnummer: **0049-89-1306 99 577**.

Besuchen Sie uns im Internet: www.christophorus-verlag.de